JN066092

この1冊で
きちんと書ける!

新版

論文・レポート
の基本

石黒 圭

日本実業出版社

はじめに——論文・レポートとは何か

レポートや論文で悩んでいる人に

　大学は新入生にとって一見不親切なところに思えるかもしれません。最近は親切な大学も増えてきましたが、それでも、高校までとは異なり、先生が勉強の仕方を手取り足取り教えてくれるわけではありません。

　大教室の講義では、毎週、担当の先生が 90 分間一方的に話しつづけます。そして、学期が終わるころになると、さも当たり前のように期末のレポートを書くように指示します。

　しかし、レポートの書き方なんて中学でも高校でも教わったことはありません。新入生にとって、慣れない大教室の講義についていくだけでも大変なのに、そのうえ、書いたこともないものをいきなり書けと言われても、どうしたらよいか、戸惑うばかりです。

　また、見よう見まねで書きはじめたレポートがようやく板についてきた大学 4 年には、卒業を控えて卒業論文という大きな論文を書かなければなりません。人生において、そんなに長い文章を書くのは初めてです。しかし、卒業論文の書き方も、先生が丁寧に指導してくれる様子はありません。このときもまた、どのように書いたらよいのかわからない手探り状態のなかで完成させていくことになるのです。

　さらに、大学を卒業したあとすぐに就職せず、そのうえの大学院に進学するという選択肢も身近なものになっています。大学院に進学すると、研究者の卵として学術雑誌に高い水準の論文を載せる必要が出てきます。しかし、そこでもまた、論文の書き方について十分な指導はなく、独力で書くことが期待されるのです。

大学は、人から教わらなくても自力で解決することが求められるところです。しかし、何の手がかりもなく解決できることには限界があります。本書は、大学に入ってレポートの書き方がわからない**新入生**、卒業論文をまえに途方に暮れている**大学4年生**、論文の書き方の基本を確認し、その精度を高めたいと考えている**大学院生**を支援するために書かれた**論文作法書**です。

小論文とレポート・論文はどう違う？

　大学に入学したての新入生が、レポートや論文をイメージする場合、参考にするのは小論文でしょう。大学受験に小論文という科目があり、その準備をした経験があるからです。なるほど、小論文・レポート・論文は、示された問いに答え、その答えが正しいことを論証する文章であるという点で共通しています。しかし、大学における学びでは、**小論文を参考にしすぎると危険な面がある**ことを強調しておきたいと思います。

　たしかに、小論文が得意な人は文章が上手に書けることが多く、文章表現力を高めるトレーニングとして小論文が役に立つことは事実です。ところが、小論文には、見すごすことのできない弊害があるのです。

　その弊害は、小論文が試験のために書かれる文章であるという点に由来しています。小論文は時間制限と戦いながら試験場で書く文章です。そのため、その場で思いついた発想を自分なりの論理で組み立てて面白く書けばよく、厳密な検証は要求されません。また、以前人から聞いた、あるいは本で読んだアイデアを、あたかも自分の考えであるかのように語ることも大目に見られがちです。レポートや論文といった学術的な文章には、深く考えるというプロセスと、詳しく調べるというプロセス、この二つのプロセスを経ることが必須です。ところが、小論文にはその大切なプロセスのいずれも経ることが求められていないのです。これが、小論文の最大の

弊害です。

　レポートや論文を小論文と同一視してしまうと、レポートや論文も短時間で簡単に書けるものという錯覚に陥りがちです。しかし、レポートや論文は、深く考える、および詳しく調べるという手間のかかる面倒くさいプロセスを経て徐々に形を成していくものなのです。

　ここで、小論文・レポート・論文の違いを整理しておきましょう。

■表1　小論文・レポート・論文の違い

	時期	目的	問い	ウソ	オリジナリティ
小論文	高校	試験に合格	与えられる	ある程度許容	不要
レポート	大学	理解を報告	与えられる	認められない	必須ではない
論文	大学・大学院	発見を論証	自分で立てる	認められない	必須

　小論文は、就職活動のさいに大学生が書くこともありますが、大学受験のために高校生のときに書くのがふつうです。

　その目的は、文章表現力と論理構成力が一定の水準にあることを示して試験に合格することです。問いは、問題という形で出題者から与えられます。時間制限があり、資料などを参考にできない環境での執筆ですので、内容が面白ければ多少のウソは許容され、厳密な意味でのオリジナリティ、すなわち書き手自身が初めて考えたという独創性は求められません。

　レポートは、大学院で書かされることもありますが、大学の講義や演習で書くものが中心です。

　その目的は、授業の内容がどのくらいわかっているかという理解を報告することです。問いは、自分で立てることもありますが、「〜について論じなさい」という形で先生から指定されるほうがふつうです。学術的な文章ですので、きちんと調べて書かなければならず、不正確な内容を盛りこむことは認められていません。オリジナリティはあれば望ましいですが、

高い独創性が求められることはありません。

　論文は、学部では、卒業論文という形で書くこともありますが、本格的に執筆するようになるのは大学院に入ってからです。

　その目的は、学術的に価値のある発見を論理の積み重ねによって説得することです。問いは、指導教員から与えられることもありますが、自分で選んで立てるのがふつうです。レポートと同様、学術的な文章ですので、きちんと調べて書かなければならず、また、**ウソを排除**しなければなりません。そして、どんなに小さくても、先行研究にない、学術的に価値のある**オリジナリティ**をそのなかに含んでいなければなりません。

　こうして見ると、小論文よりレポートのほうがレベルが高く、レポートより論文のほうがレベルが高いことがわかります。つまり、小論文はレポートが書けるようになるための準備段階、レポートは論文が書けるようになるための準備段階なのです。

　そう考えると、なぜ大学入試で小論文が課されるのか、なぜ大学の授業でレポートが課されるのかがわかります。

　大学は、現代においては高度職業人養成機関、すなわち、きわめて高い知識と技能を持った社会人を育てる機関としての面も持っていますが、本質的には研究者養成機関、すなわち研究者の卵を育てる機

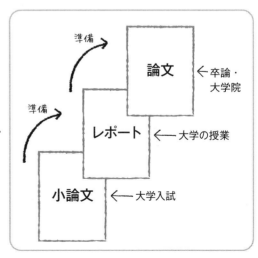

●小論文・レポートは論文の練習

準備 →

論文　← 卒論・大学院

準備 →

レポート　← 大学の授業

小論文　← 大学入試

関です。

　研究者は優れた論文を書くことによって評価されますから、カリキュラムもまた優れた論文を書けるように整えられているわけです。

　大学教育におけるゴールは論文であり、論文の書き方のなかには学術的な研究を遂行するのに必要なエッセンスがつまっています。

　そこで、本書でも、最終目標を論文に定め、ここからさきは「論文・レポート」と併記することはせずに、「論文」とだけ書くようにします。もちろん、本書ではレポートも対象にしていますから、必要に応じて「論文」を「論文・レポート」と置き換えながら読むようにしてください。

本書の構成

　本書は、**論文の考え方を知る第1部、論文の表現をみがく第2部**の二つの部からなっています。

　第1部は論文の構成面に注目します。

　論文は、第1章で説明するように「問う」→「調べる」→「選ぶ」→「確かめる」→「裏づける」→「まとめる」という構成をとる文章です。これは論文の定石です。

　しかし、囲碁の定石がそうであるように、手順だけ丸暗記しても実践には使えず、なぜそうした手順になるのかという考え方を身につけることが必要です。

　第1部では、論文の構成と、その背後にある考え方を学びます。

　第2部は論文の表現面に注目します。

　「問う」「調べる」「選ぶ」「確かめる」「裏づける」「まとめる」といった各パートの中身は、1文1文の積み重ねによって成り立っています。そう

した1文1文を、どうすればウソの少ない表現にできるか、どうすればオリジナリティを明確にできるかについて、日本語の表現という角度から考えます。

　また、第2部には練習問題がついており、練習問題を解くなかで論文の表現力がみがけるようになっています。

　本書の内容を読み、読者のみなさんが論文を書くことに目覚め、「論文を書くことが楽しい」と感じられるようになることを、心から願っています。

新版　はじめに

社会のデジタル化

　本書が刊行されたのは 2012 年です。おかげさまで好評を博し、20 刷という版を重ね、10 万部超の売り上げを記録しました。これだけ多くの方々に本書が愛され、論文・レポートの執筆に活用されたことは、筆者として大きな喜びであり、感謝です。

　しかし、刊行してから 12 年、時代が大きく変わったのも事実です。もちろん時代が変わっても、論文・レポートの書き方自体が変わるわけではありません。この点は時代が変わっても不変です。時代とともに変わったのは、論文・レポートの執筆自体ではなく、執筆を取り巻くまわりの環境です。これを、**社会のデジタル化**と言い換えることも可能でしょう。社会のデジタル化が論文・レポートの執筆に大きなインパクトを与えたのは、次の 2 点においてです。

①オープンサイエンスの進展
②テキスト生成 AI の登場

　以降では、この 2 点について順に説明します。

オープンサイエンスの進展

　①の**オープンサイエンス**は、インターネット上での学術情報をめぐる情報公開と深く関わっています。これは、学術情報を積極的に公開することで研究を加速し、新たな知の創造を促すことを目指し、内閣府主導で推進された動きです。

オープンサイエンスの進展は大きく二つの点から捉えることができます。まず、12年前と比べて**インターネット上で閲覧できる論文数が飛躍的に増加**しました。学会が刊行する学会誌論文はJ-STAGE上で、各大学が刊行する紀要論文は大学図書館が運営する機関リポジトリ上で、それぞれ公開が原則となり、多くの研究情報は、図書館に足を運んで紙の雑誌論文をコピーしなくても、インターネットで検索をかければ、いながらにしてダウンロードできる便利な時代になりました。

また、論文などの研究文献だけでなく、研究の材料にするデータそのものも電子化が進み、**分析に使う各種データセットがインターネットで公開**されています。以前は自分の手で苦労して収集するのが基本だったデータが、今やボタン一つで簡単に手に入る時代になったわけです。

したがって、私たちが論文・レポート執筆のさいに必要な文献もデータも、12年前と今とでは入手経路が大きく異なっています。**インターネット上での効率的な文献収集法とデータ収集法**、およびそれに伴う留意点をまとめ、新版に反映させることが、今回の改訂の一つの目的です。

テキスト生成 AI の登場

一方、②は、2022年11月30日のChatGPTの一般公開がきっかけとなり、2023年のテキスト生成AIブームへと進みました。ニュースや新聞で連日のように取りあげられ、各方面での活用への期待がふくらむ一方、各種の弊害がもたらす不安が語られ、期待と不安のあいだで揺れる1年でした。

テキスト生成AIは短い指示を与えるだけでまとまった文章が書けるところに特徴があり、専門知識を持たない普通の学生でも使用自体は容易です。そのため、論文・レポートを学生が書くかわりに、AIが代筆してくれる状況が現れました。大学ではこれまで、大学生に自分の頭と手を使って文章を書かせるという方法で、学術に必要な知識、技能、思考法を身に

つけさせてきました。このため、論文・レポートの執筆をテキスト生成AIが代行できる状況を野放しにすると、これまでの教育方法が成り立たなくなってしまいます。それゆえ、テキスト生成AIの使用をどこまで認めるかについて、各大学は対応に追われました。しかし、ChatGPTの登場による混乱は今も収束を見せず、急速に進む革新技術と今後どのようにつきあっていくか、各大学は模索を続けています。

　私自身もそうした模索を続ける一人ですが、**現時点で考えられるテキスト生成AIとの望ましいつきあい方**について、可能なかぎり平易にご紹介したいと考えました。これが、今回の改訂のもう一つの目的です。

　オープンサイエンスの波、テキスト生成AIの波という、社会のデジタル化に伴う二つの大きな波に襲われた私たちは、この波にどう立ち向かうかが問われています。今回の新版刊行では、こうした新たな波に立ち向かうヒントをお示しすることを目指しました。**第3部「論文と社会」**を設定し、第17章「オープンサイエンスの考え方」、第18章「生成AIの勘どころ」の2章を新たに加えたのも、そうした意図によるものです。

　ただし、「論文・レポートの基本」にたいする本書の考え方はすでに読者のみなさまに広く支持されています。このため、旧版の内容のよい点は維持したいと考え、情報の更新を必要とするところ以外は、できるだけ手を入れないように心がけました。

　本書をこれまで大事にしてくださったみなさまに、今回の改訂を機に、本書を一層ご活用いただけることを心から願っています。

第2部　論文の表現

第3部　論文と社会

カバーデザイン／萩原弦一郎
本文イラスト／坂木浩子
DTP／ダーツ

第 1 部

論文の構成

第 1 章

論文の構成の考え方

基本は序論・本論・結論

「はじめに」では、小論文・レポート・論文の三つを比較し、それぞれの特徴を考えました。第1部では、論文の考え方について学ぶわけですが、ここでもう一度、論文とレポートについて素朴に考えてみましょう。

論文とは何か。非常に単純に言うと、自分で問題を作って自分で答える文章です。レポートとは何か。先生から与えられた問題に答える文章です。もちろん、問題は学術的に価値のあるものでなければなりません。問題を作ることを、大学教育では一般に「問いを立てる」と言います。

●論文・レポートをひとことで言うと……

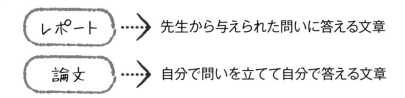

論文を書くとき、起承転結は役に立ちません。起承転結は読み手を楽しませるための文章構成で、「転」には論理的必然性がないからです。

役に立つのは、「**序論**」―「**本論**」―「**結論**」という考え方です。「序論」で問いを立て、「本論」で問いに答える具体的なプロセスを述べ、「結論」

で答えを示します。この３部構成をまずは押さえてください。

　ただし、この３部構成は論文を書くにはやや大ざっぱです。そこで、より論文らしい構成を考えてみます。

　序論は、走り幅跳びの助走のようなもので、ジャンプをするための準備期間です。しかし、助走でうまく加速できないと、大きなジャンプができません。

　序論で大切なことは三つです。問いそのものを示すこと、問いにオリジナリティがあることを示すこと、問いに答える道筋を示すことです。

　まず、問いそのものを示すには、問いを１文で提示しなければなりません。また、その問いを誰が見ても明らかなものにするために、問いに使われている語を定義しなければなりません。それは、論文の冒頭の**「目的」**でおこないます。

　つぎに、問いにオリジナリティ（第２部第９章参照）があることを示すには、先行研究を示す必要があります。そうした問いをいまだに誰も明らかにしていないことをはっきりさせるためです。それは、冒頭の「目的」の直後、**「先行研究」**でおこないます。

　さらに、問いに答える道筋を示すには、問いを明らかにする方法を明確にしなければなりません。方法を明らかにすることで、同じ研究を誰でも同じ方法でできるようになり、客観性が保証されます。それは、「先行研究」に続く**「資料と方法」**でおこないます。

　序論のつぎは本論です。本論はジャンプです。走り幅跳びではジャンプの距離によって順位が決まります。論文も本論の内容によって価値が決まります。論文のもっとも大切なところです。

　本論は二つに分かれます。「結果」と「考察」です。

　「結果と分析」は、方法にしたがって分析した結果が示されます。結果で

は、立てた問いにたいする答えを出すときに根拠となる具体的なデータが示されます。

「**考察**」は、なぜそのような結果になったのか、理由を考え、説明するところです。結果に説得力を持たせ、問いの答えの意味を示す、研究者としての真価が発揮されるところです。

「**結論**」は、研究全体のまとめです。着地がきれいに決まったジャンプは成功ジャンプです。専門家は、着地点さえ見れば、そのジャンプの良し悪しがわかります。結論だけを読んでも論文全体の内容が一目でわかるような、優れた要旨になっているものは、読んでいて心地がよいものです。

じつは6部構成

以上の「目的」→「先行研究」→「資料と方法」→「結果と分析」→「考察」→「結論」の6段階を、「**問う**」→「**調べる**」→「**選ぶ**」→「**確かめる**」→「**裏づける**」→「**まとめる**」の6部構成にまとめなおしてみましょう。

次ページの図を見てください。

この構成は、論文・レポート共通です。しかし、レポートの場合、先生に与えられた問いに応じて書くものですので、その問いの内容によっては①〜⑥のすべてを入れる必要はありません。枚数の制限も厳しいのがふつうですので、先生が課題をとおして何を求めているのかを想定し、**①〜⑥のいずれかを取捨選択して書くのがレポート**だと考えておけばよいでしょう。

●論文の六つの基本構成

目的（Introduction）
自分の研究で明らかにしたい問いを示します。

先行研究（Introduction）
関連する先行研究を紹介し、本研究のオリジナリティを示します。

資料と方法（Material and Method）
問いを明らかに論証するためのデータの概要と方法を示します。

① 問う
② 調べる
③ 選ぶ

序論

結果と分析（Result）
分析を経た調査の結果を示し、問いに答えます。

考察（Discussion）
なぜそのような結果になるのか、その理由を考えます。

④ 確かめる
⑤ 裏づける

本論

結論（Conclusion）
①〜⑤の論証のプロセスを要約し、今後の課題を示します。

⑥ まとめる

結論

また、論文でも、①〜⑥のすべてがそろっていない場合もあります。た
とえば、理科系の英語の論文では、IMRAD、すなわち Introduction（導入：
目的と先行研究）、Material & Method（資料と方法）、Result（結果と分
析）and Discussion（考察）という 4 部構成が勧められることが多いですし、
事実発見型の論文では⑤の考察が省かれることもあります。

　しかし、論文の場合はレポートの場合と異なり、可能なかぎり①〜⑥の
すべての要素が盛りこまれることが期待されていると考えてよいでしょう。

●論文とレポートの構成の違い

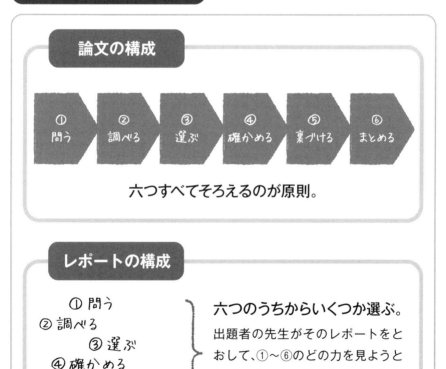

論文の構成

| ① | ② | ③ | ④ | ⑤ | ⑥ |
| 問う | 調べる | 選ぶ | 確かめる | 裏づける | まとめる |

六つすべてそろえるのが原則。

レポートの構成

① 問う
② 調べる
③ 選ぶ
④ 確かめる
⑤ 裏づける
⑥ まとめる

六つのうちからいくつか選ぶ。
出題者の先生がそのレポートをと
おして、①〜⑥のどの力を見よう
としているのか、見きわめることが
大切！

　論文は、文章構成の面から見ると、じつは書くのが楽な文章です。小説やエッセイなどとは違い、いつも同じパターンで書いてよいからです。しかも、この構成は、期末のレポート、卒業論文、修士論文、博士論文、学術雑誌論文、すべてで通用します。

　しかし、**この構成を丸暗記するだけでは落とし穴にはまる**おそれがあります。問いがとうてい答えの出せないものであったり、先行研究のなかに自分自身の研究を位置づけていなかったり、研究の方法で重要な情報が抜けていたり、考察と書いてあるのに分析しかなかったりするのは、論文の形は理解できていても、その心が理解できていない証拠です。

　そこで、第2章から第7章まで、「問う」→「調べる」→「選ぶ」→「確かめる」→「裏づける」→「まとめる」の六つの各段階を支える考え方を紹介することにします。なお、第8章「校正する」では、論文を書き終え、提出するまえにチェックすべき点について検討します。

課　題　1

① 自分がこれまで書いたレポートを読みかえし、「問う」→「調べる」→「選ぶ」→「確かめる」→「裏づける」→「まとめる」のどの要素を含み、どの要素を含んでいないか、確認してください。

② 自分の専門分野で著名な論文が、「問う」→「調べる」→「選ぶ」→「確かめる」→「裏づける」→「まとめる」のどの要素を含んでおり、その章・節のタイトルがどのような名称になっているか、確認してください。

第2章

問う―目的

問いを立てる

　第1章で見たように、論文とは自分で問いを立ててそれに答える文章です。論文がなぜそうした文章になるかというと、論文は研究成果を文章にしたものであり、研究という活動自体が、自分で問いを立て、その問いを論証し、答えを出す営みだからです。

　研究でもっとも大切なことは、研究上の問い、すなわち**リサーチ・クエスチョン（research question）を明確に示す**ことです。そしてそれが示されるのが、論文の冒頭に位置する「目的」という章です。

　問いを立てることは、面白く、かつ、やっかいな作業です。そう考える理由を三つ挙げておきましょう。

　まず、問いは学術的に価値のある問いでなければなりません。学術的に価値があるかどうかは、膨大な先行研究によって支えられる研究史の体系にその研究が位置づけられること、研究史のなかでいまだ解明されていなかった新しい発見が含まれること、この2点によって測られます。

　そこで、論文を書くさいには、膨大な先行研究に当たり、先人の知恵に学ぶ必要が出てきます。先人の知恵を学ぶことで知的好奇心が満たされますし、そこで語られていない何かを探しだすことはドキドキするような体験です。しかし、それが同時に、面倒で忍耐を要する作業であることも事実です。「問い」を立てることを面白く、かつ、やっかいな作業であるとするゆえんです。

　つぎに、問いは自分で立てなければなりません。高校までの学び、いわゆる勉強では、問いは与えられるものでした。しかし、大学での学び、すなわち研究では、問いは自分で創りだすものです。自分で問いを立ててもよいという自由は、高校までの強制される勉強にうんざりしていた人にはたいへん魅力的なものでしょう。しかし、自由が与えられたとたん、何をやってよいかわからなくなる人がいることも事実です。自由を苦痛に感じる人は、高校までの与えられる学びに慣れきってしまった人です。そうした人は大学への入学を機に発想の転換を図る必要があります。

　さらに、問いは論証でき、答えが出せるものでなければなりません。
　問いだけだったら途方もないものが立てられます。しかし、自分の力量をはるかに超えた問いを立ててしまうと、あとが大変です。5年経っても10年経っても、下手をすると一生かかっても、その問いを解明できずに終わってしまうでしょう。
　一方、簡単に解明できる問いを立ててしまっても面白くありませんし、そうした問い自体に学術的な価値はないでしょう。適度なサイズの問いを立てるということはじつは難しいことなのです。

問いを1文で示す

よく、研究テーマを決めることを、問いを立てることだと誤解している人がいます。

たとえば、日本語に関心のあるAさんが「日本語の副詞について研究したい。」と思いたったとします。日本語学の授業で、動詞や形容詞、助詞や助動詞の研究にくらべ、副詞はまだ研究がさほど進んでおらず、未開拓の領域が残されていると聞いたからです。

しかし、「～について」は問いではなく研究テーマです。研究テーマを決めることは、研究の入り口の段階では必要なことですが、問いを固めていくには「～について」を深めなければなりません。

そこで、Aさんは「日本語の副詞のどんなことを研究したいのだろうか。」と自問してみます。Aさんは、日本語を学んでいる留学生の友人が、日本語の副詞は難しいという話をしていたことを思いだしました。そこで、Aさんは「日本語の副詞を留学生がどのように習得するのか、研究したい。」という問いを思いつきます。このように**疑問文を含む1文で問いを設定**できて初めて、論文を書きはじめることが可能になります。

● 「テーマ」と「問い」の違い

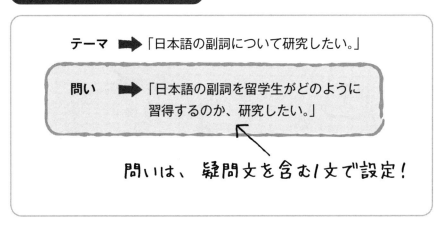

テーマ ➡ 「日本語の副詞について研究したい。」

問い ➡ 「日本語の副詞を留学生がどのように
　　　　習得するのか、研究したい。」

問いは、疑問文を含む1文で設定！

問いを絞りこむ

ところが、「日本語の副詞を留学生がどのように習得するのか、研究したい。」という問いは不十分です。「日本語の副詞」「留学生」「どのように」が明確になっていないからです。そもそも「日本語の副詞」すべてについて、「留学生」すべてを対象に、あらゆる観点から「どのように」を明らかにするとしたら、一生かかっても終わらないことになってしまいます。

そこで、**問いを絞りこみ、研究のサイズを小さくする**必要があります。まず、「日本語の副詞」と一口に言ってもたくさんの種類があります。

「ゆっくり」という情態副詞も、「とても」という程度副詞も、「ぜんぜん」という陳述副詞も、「さいわい」という評価副詞も、すべて副詞です。

そこで、Aさんは、くだんの留学生の友人に聞いてみたところ、「日本語の副詞は、『とても』とか『超』とか『すごく』とか『非常に』とか『きわめて』とか、いろいろあって、その使い分けが大変なんだよ。」と教えてくれました。そこで、考察の対象を程度副詞に絞ることにしました。

● 研究のサイズを小さくして見通しを立てる

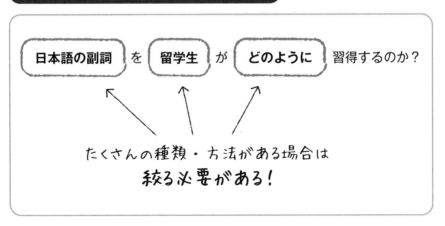

また、その友人は中国人留学生で、「日本語と中国語は漢字を共有しているからこそ、漢字の意味が微妙に違って難しいことがあるんだよね。」とも語ってくれました。そこで、「留学生」を「中国人留学生」とすることに決めました。中国人留学生なら、その友人が周囲の留学生を紹介してくれそうです。

　さらに、「どのように」習得するかも考えます。中国人留学生が日本語を学習するとき、これらを同時に学んでいるわけではありません。日本語の教科書では「とても」を最初に学び、つぎに「非常に」を学んでいそうです。一方、日本の日常生活のなかでは、「超」や「すごく」「めっちゃ」などに触れる機会が多いでしょう。そこで、こうした副詞を何からさきに、どのような順序で習得するかを調べることにしました。

　また、使い分けについても知りたいところです。なぜなら、程度副詞にこれだけいろいろ種類があるのは、書き言葉や話し言葉といった文体によって差があるためと考えられるからです。そうした使い分けができて初めて習得できたと言えるでしょう。
　以上を考え合わせると、

「日本語の副詞を留学生がどのように習得するのか、研究したい。」

という問いは、

「日本語の程度副詞を中国人留学生がどのように習得するのか、習得の順序と文体の使い分けという観点から研究したい。」

という問いに変わっているはずです。問いを絞り、研究のサイズを小さくすることで、調査の輪郭が見え、研究の見通しが立ったと言えそうです。

問いの言葉を定義する

さて、問いを立ておわったところで、その問いをもう一度吟味してみましょう。そのときに大切なのは、以下の問いを初めて見た人が、この問いだけで研究の概要を正確に理解できるかという視点です。

「日本語の程度副詞を中国人留学生がどのように習得するのか、習得の順序と文体の使い分けという観点から研究したい。」

まず、「程度副詞」という語に引っかかります。読み手にこの意味がわかるかどうか、少々心配です。そこで、「程度副詞とは『どのくらい』という程度の意味を表し、形容詞『長い』『おいしい』のような尺度性を持つ語を修飾する語である。」という定義をつけます。

しかし、それだけでは、「ちょっと」「少々」といった程度が小さい副詞も含むことになりますので、「この研究では、程度副詞のうち、『とても』『超』『すごく』『非常に』『きわめて』など、程度が大きいことを表すものに限定して考察する。」という補足も加えておきます。

つぎに、「中国人留学生」という語ですが、この言葉には、中国語を話すという意味と、中国国籍を持つという意味があります。ここでは前者の意味で使われているのですが、その場合、「中国人留学生」に台湾人が入る可能性がある一方、幼いころ北米に移り住み、アメリカやカナダの大学から交換留学生として来ている中国国籍の学生は除かれます。

また、中国では、北京を中心とする北部と、上海を中心とする南部とでは言葉がかなり違いますし、中国国内で日本語を学んだ留学生と、日本国内の日本語学校などで日本語を学んだ学生とでも違うでしょう。そこで、この研究における「中国人留学生」は、中国大陸北部出身者で、かつ、日本国内の日本語学校で日本語を学んだ学生に限定することにします。

また、「文体」も定義によって意味が変わる言葉です。ここで問題にしているのは、「夏目漱石の文体」のような個人文体でも、小説の文体、詩の文体、論文の文体、Eメールの文体といったジャンルの文体でもなく、もっと緩いものです。そこで、「文体は、会話など、軟らかい話し言葉に表れるくだけた文体と、論文など、硬い書き言葉に表れるあらたまった文体という対立でとらえられるもの。」として定義しておきましょう。

●問いを洗練させる

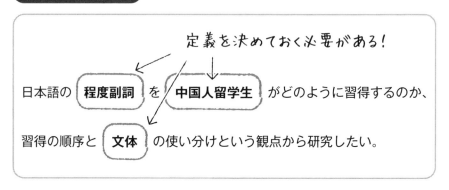

　このように、問いを立てることは、**問いに使われている語を定義し、そのあとの論証をしやすくする**ことも含んでいるのです。なお、定義の具体的方法は、第2部第2課で紹介しましたので、参考にしてください。

魅力的な問いは発見と探求心から

　問いは、分野によっては指導教員が与える場合もあるでしょうが、原則として自分で立てるものです。しかし、どんな問いを立ててもよいと言われても、問いを立てるほうは困ってしまいます。問いを立てた経験など、これまでの人生のなかでほとんどないからです。

　論文の論証自体は、誰がやっても同じ結果にならなければならず、客観的な営みですが、問いを立てること自体は、書き手の興味・関心と深い関

わりを持つ主観的な営みです。

　ある研究テーマを選んだ動機自体は個人的なことですので、論文に直接書きこむ必要はありません。しかし、そうした動機があることはとても大切です。そうした個人的動機こそが論文を書かせる推進力になるからです。

　さきほど挙げた例では、留学生の友人からヒントを得ていました。その人は、日本語と国際交流に関心があったのでしょう。

　大学では、自分の興味・関心に基づいて、自分の研究したいことができる専攻や研究室を選ぶべきです。幼い子どもの気持ちに興味のある人は発達心理学の、発展途上国の経済成長に興味のある人は開発経済学の、コミックマーケットの成り立ちに興味のある人は大衆文化論の学べる専攻や研究室を選べばよいわけです。

　しかし、研究テーマが決まったからといって、自動的に問いまで決まるわけではありません。研究テーマを問いに昇華させるきっかけになるのは、**発見**と**探求心**です。

　アルキメデスが王冠の金の純度を調べるのに、風呂であふれる水の量をきっかけに密度を測れることに気づいたとき、「ヘウレーカ！（ギリシア語でわかったぞ）」と叫んで走り回ったことはよく知られています。アルキメデスほどの発見でなくても、日常生活で面白いことを発見すれば、人に伝えたくなるのではないでしょうか。この、面白い発見を伝えたいという気持ちが、論文を書く原動力になります。

　今、本書のこの部分は米国のシカゴのホテルで書いています。時期は8月。外ではセミの声がうるさいくらいに響いています。ここシカゴでは17年に1度、セミの大発生が起こるのだそうです。前回起きたのは2007年の5月下旬、何十億匹のセミが出現したといいます。次回は2024年に起きると予想されています。

　セミにはいろいろな寿命のものがいますが、大量発生するセミの寿命は

17年。1年以内にその生涯を終えてしまう昆虫が多いなかで、極端に長寿の昆虫で、事実昆虫の寿命のなかでももっとも長いと言われています。

　ここシカゴに留まらず、全米各地に、13年、17年という周期で地上に大量発生する周期ゼミ（素数ゼミ）がいます。なぜ13年、17年という周期でだけ発生するのでしょうか。この秘密にたいし、有力な説を唱えたのが、昆虫学者の吉村仁氏です（吉村2005）。

　その秘密は、この二つの数字が素数であるというところにあります。つまり、1とその数自体（13と17）でしか割りきれず、ほかの自然数と2以上の公約数を持たないところにポイントがあるのです。

　たとえば、12〜15年という長い周期のセミがいた場合、12年周期のセミは14年周期のセミと84年に1度、15年周期のセミと60年に1度会うのにたいし、13年周期のセミとは156年に1度しか会いません。84年、60年、156年というのは最小公倍数であり、最大公約数が1であれば最小公倍数は二つの数をかけた数になりますので、相対的に大きくなるのです。

　さまざまな周期のセミがいた場合、異なる周期のセミ同士が交雑するため、長い年月が経つと、素数以外のセミは出現年がばらけていくことになります。出現年がばらけていくと、このように長い周期のセミは生存に不利になり、千年単位では絶滅に向かう傾向があります。生物学の世界にはアリー効果、すなわち、一定以上の密度で生活すると、その生物は環境に適応しやすくなるという法則があるからです。数が多いと、異性と出会いやすくなりますし、弱い動物の場合食べられる確率も下がります。イワシやヒツジが群れを作るのもそのためです。

　周期ゼミの場合も、10年以上に1度の間隔で、大量発生することで捕食者に食べつくされずに済んでいます。捕食者が同じような長い周期で発生しないかぎり、そうしたセミを常食にすることができないからです。

　そう考えると、出現年がばらけないように、周期ゼミの周期が素数に収束していった理由が理解できます。事実、吉村氏の研究グループが千年単位でシミュレーションした結果によると、10 〜 20 年周期のセミのうち、17 年、13 年、19 年の順に個体数が多くなり、残りは絶滅してしまうのだそうです。

　昆虫が好きという関心、13 年、17 年という素数の年に大発生するという発見、なぜ素数の年に大発生するのかという理由への探求心、そうしたものが相まって研究は進んでいくのです。

課題 2

① 自分がこれから着手する研究（卒業論文のような大きなものが望ましいが、なければ期末のレポートなどでもよい。以下「自分の研究」とする）について、何を対象にした研究か、テーマを明らかにしてください。

② 自分の研究の問い（research question）を 1 文で表してください。

③ 自分の研究の問いが、より具体的なものになるように問いを絞りこんでください。

④ 自分の研究の問いについて、そこで使われている専門用語の定義をしてください。

第 3 章

調べる―先行研究

巨人の肩のうえに立つ

　私の研究は、今まで誰も考えたことがないような発想の研究なのだから、参考文献などないし、挙げる必要もないと豪語する人がいます。しかし、それはほとんどの場合、間違いです。残念ながら、自分の考えそうなことは誰かがさきにやっているものです。

　そのものズバリはやっていないかもしれませんが、関連することは誰かがかならず手をつけています。先行研究の助けなしに研究ができると考えている人は、東京での生活で誰とも関わらないで生きていけると言っているようなもので、かなり無理があります。

　研究は、「巨人の肩のうえに立つ」と言われるように、先人たちが築いた巨大な業績にささやかなオリジナリティを加える試みです。そうである以上、先行研究を丹念に調べ、そのうえに小さなオリジナリティの花を咲かせるという謙虚な心構えが不可欠です。

先行研究を引用する意味

　先行研究を引用する意味はなんでしょうか。それは、自分の研究が、それまでの研究の流れのなかでどのような位置を占め、そこにどのようなオリジナリティがあるかを示すことです。

　学生の論文でよく見かけるパターンは、関連ある文献を一通り引用して終わりというものです。先行研究の引用は、論文をもっともらしく見せる

ためのアリバイ作りではありません。そこには引用の必然性がなければなりません。

　先行研究を引用するときには、**自分なりの先行研究史を組み立てる**つもりでいてください。そのうえで、その先行研究史に**自分のささやかなオリジナリティを加える**のです。そして、そのとき、そのオリジナリティは今までの研究にはないものであることをきちんと主張してください。

　先行研究を紹介すれば、前提となる問いを他者に答えてもらうことができ、そのぶん、自分の答えるべき問いを絞れることになります。

　先行研究を引用するさい、やってはいけないのは剽窃（ひょうせつ）（plagiarism）です。剽窃は、学生がすると停学になったり、研究者がすると職を失ったりするなど、厳しいペナルティが科されます。なぜなら、それは盗用という立派な犯罪行為だからです。

　剽窃とは、他者の考えたことを、あたかも自分が考えたことであるかのように示すことです。なかでも、もっとも多いのが、カギカッコに入れないコピー＆ペーストです。そのくらいのことなら、剽窃という意識もなくやってしまいそうです。ところが、その程度のことと思われるようなことが、じつは剽窃に当たるケースが少なくないのです。

　論文の世界で、自分の意見と他者の意見を厳密に区別するように言われるのも、無断のコピー＆ペーストが厳しく注意されるのも、それが剽窃という犯罪行為に結びつくおそれがあるからです。

インターネットによる検索の活用法

　先行研究を調べる場合、もっとも便利なのがインターネットです。膨大な情報が拡散して存在する現在、インターネットなしに研究は遂行できないと言っても過言ではありません。

　まず、インターネットということでみなさんが考えるのが、Google を

はじめとする検索エンジンでしょう。ここで、たとえば「副詞　習得」などと入れて検索します。しかし、Google を使った検索の悩みのタネは、あまりにも検索範囲が広く、研究と無関係なゴミ（不必要な情報）が多く引っかかってくることです。そんなときは、**Google Scholar** を試してみるとよいでしょう。研究専用の検索エンジンで、研究に関わるもののみを検索してくれます。

　しかし、Google Scholar にも弱点があります。英語のものはよく拾ってくれるのですが、日本語のものはやや物足りない印象があるのです。日本発の学術情報を広く網羅しているのは、国立情報学研究所の **CiNii（サイニィ）**です。CiNii には「論文・データをさがす」CiNii Research、「大学図書館の本をさがす」CiNii Books、「日本の博士論文をさがす」CiNii Dissertations という三つのサイトがあります。

　まず、**「論文・データをさがす」CiNii Research** で必要なものを探します。めぼしいものが見つかったら、その論文にアクセスしましょう。CiNii のページから直接アクセスできるものも最近増えています。大学などの紀要論文の場合は、各大学の機関リポジトリにおいて電子的な形で公開されており、原則無料でダウンロードできます。また、学会誌論文でも、科学技術振興機構 (JST) が運営する電子ジャーナルのプラットフォーム J-STAGE 上に掲載され、学会員でなくても無料で見られるものが増えてきています。

　もし、インターネット上で見られない場合、**「大学図書館の本をさがす」CiNii Books** に移り、書籍や雑誌など、紙媒体のものが、自分の大学、あるいは近所の大学の図書館にあるかどうか確かめてみましょう。あれば、そこに実際に足を運んで閲覧します。ただし、大学図書館の場合、その大学の関係者でない人の入館や図書利用にはさまざまな制約がありますので、入館の方法を各大学の図書館のサイトで調べてから訪れるようにしてくだ

さい。

　日本発の学術情報の検索で CiNii と並んで使いやすいのは、**NDL ONLINE（国立国会図書館オンライン）**です。国内で発行されたすべての出版物は国会図書館に納入することが義務づけられており、納本制度と呼ばれています。国会図書館は、そうした納本制度によって収集した本や雑誌をデータベース化しています。つまり、日本国内で発行されたすべての著作物は、NDL ONLINE で検索可能になっているわけです。NDL ONLINE のデータベースは CiNii と異なり、研究を目的としないものも多数含まれており、資料の検索にも向いているところが特長です。

　なお、国立国会図書館だけでなく、全国の公共・大学・専門図書館、公文書館、美術館や学術研究機関など多様な機関の所蔵資料を横断的に検索できる **NDL Search（国立国会図書館サーチ）**もあり、便利です。また、国会図書館のサイトのなかには、リサーチ・ナビというページがあり、本の種類や研究の分野から調べものをするときに役立ちます。

　分野別の検索方法については、それぞれの分野の専門家に聞くしかありませんが、それぞれの分野を代表するような研究機関が研究をまとめてくれていることが多いものです。私の分野（日本語学）では国立国語研究所の**日本語研究・日本語教育文献データベース**がよく使われますし、日本文学では国文学研究資料館の**国文学論文目録データベース**が、日本史では国立歴史民俗博物館の**データベースれきはく**が有用な情報を提供してくれており、専門文献にかんしては精度の高い検索が可能です。英語の文献は理科系が中心ですが、文科系の英語の文献を調べる場合、エルゼビア社が運営する学術データベース **Scopus** が有力であり、心理学分野などではクラリベイト・アナリティクス社が提供する学術データベース **Web of Science** も用いられています。

また、大学生・大学院生の場合は、身近な存在という点で自分の所属する**大学の図書館のサイト**のチェックは欠かせません。検索した本がかりに見つからなくても、依頼をすれば購入してくれたり、提携する他大学の図書館から取り寄せてくれたりすることもあります。せっかく学費を払っているわけですから、ぜひ活用してください。

Wikipedia は使える？　使えない？

　じつは、インターネット上での検索を考える場合、もう一つ有名なサイトがあります。インターネット上の百科事典である Wikipedia です。

　英語の Wikipedia は総じて研究の記述が豊かな印象がありますが、日本の Wikipedia は、芸能、スポーツ、サブカルチャーに詳しい印象があり、研究にかんしては玉石混交です。しかし、インターネット上に集う匿名の有志によって作りあげられたということを考えれば、かなり高い水準にあると言ってよいと思います。その理由は、Wikipedia への書きこみは厳格なルールに基づいておこなわれていること、Wikipedia への書きこみへのチェックが十分におこなわれていることという2点によります。

　Wikipedia の記事は原則として別に出典があり、独自に取材・研究した内容を載せることはできません。いわば **Wikipedia の記事は、引用のパッチワークによってできあがっている**わけです。つまり、どこから引用したかを示す、信頼に足る出典を示さなければならないので、個人が勝手に記事をねつ造できないようになっているのです。

　また、Wikipedia の記事は絶えず閲覧者の目にさらされています。誤りがあれば、編集されたり、出典を求められたり、深刻な場合には削除されることもあります。学会誌は仲間同士のチェック（peer review）で成り立っていますが、Wikipedia も同様のシステムを採用しているわけです。

しかし、Wikipediaは論文の引用文献としては使えません。それは、Wikipediaの質が低いからではなく、Wikipediaの記事には、オリジナルの情報源（ソース）があり、そちらを引用しなければならないからです。

　Wikipediaは引用のパッチワークですから、Wikipediaから引用すると、どうしても孫引きになってしまいます。初出の文献を引用しなければならないという論文の原則に立つと、Wikipediaに載っているオリジナルな情報源を出典として示す必要があるわけです。

　そのように考えると、**論文作成におけるWikipediaの役割は、自分の研究テーマについて、どのような考え方があるか、どんな文献があるかの当たりをつけるためにある**と考えたほうがよいでしょう。

　当たりをつけるという点では、GoogleやGoogle Scholar、CiNiiやNDL ONLINEも同じです。いずれもキーワード検索ですので、キーワードから少しでも外れると重要な文献が漏れるおそれがあります。ですから、まずそうした検索サイトを使って最新の論文をいくつか入手し、その論文の参考文献欄を見て、その分野で重要な、比較的新しい論文を芋づる式に見つけていくというのがもっとも効率がよい方法だと思います。

　最近では、博士論文は、学位を授与した大学がその大学の機関リポジトリから全文をインターネット上に公表することが原則となっています。博士論文には、当該研究テーマの文献が網羅的に掲載されているので、すでに紹介した**「日本の博士論文をさがす」CiNii Dissertations**で、自分の研究テーマに近い博士論文を検索すれば、精度の高い文献リストを入手することができます。また、学術雑誌には、当該分野やテーマの最新の研究動向をまとめた「レビュー論文（総説論文／展望論文）」と呼ばれるものがあり、過去の研究成果や現在の研究の焦点を知るうえで重宝します。

■表2 先行研究を調べるインターネットのサイト

サイト名	概要	注意点
Google	一般的な検索エンジン。幅広い検索が手軽にできる。	ゴミ（不必要な情報）が多く引っかかる。
Google Scholar	研究専用の検索エンジン。研究に関わるもののみをピックアップできる。	日本国内の文献の検索がやや弱い。
CiNii	日本国内の学術論文を網羅するサイト。「論文・データをさがす」CiNii Researchでインターネット上のものはアクセスでき、紙媒体のものは「大学図書館の本をさがす」CiNii Booksで所在が確認できる。	著書（論文集のなかの各章の論文）と海外の文献の検索に弱い。
CiNii Dissertations	「日本の博士論文をさがす」サイトであり、そこで自分の興味と重なる研究テーマの博士論文が見つかれば、関連文献が網羅的に掲載されている可能性が高く、重宝する。	ある研究分野の最新の文献レビューがまとめられた学術雑誌のレビュー論文も有用であり、併用したい。
NDL ONLINE	国立国会図書館蔵書の検索サイト。全国の図書館を横断的に検索できるNDL Search、本の種類や研究の分野から調べものをするのに役立つリサーチ・ナビもある。	海外の文献の検索に弱い。
各分野の研究機関	専門分野によって異なるが、その分野を代表するような研究機関の情報は有益。日本語学の国立国語研究所、日本文学の国文学研究資料館、日本史の国立歴史民俗博物館などがある。	その存在が一般に知られていないことが多い。
自分の大学の図書館	所蔵していなくても、依頼すれば購入してくれたり、提携する他大学から取り寄せてくれる場合もある。	所蔵冊数が少ないことが多い。
Wikipedia	自分が知りたい研究分野の基本概念について、手軽に知ることができる。辞書類とWikipediaを一括検索できるWeblioも便利。	オリジナルの情報源が別にあるため、そのまま引用することは不可。

引用にはマナーがある

　専門家は、引用文献を一瞥すれば、書き手がその分野についてどのぐらい勉強しているか、その学問水準がわかります。

　引用は、服装のようなものです。書き手は中身に力を入れますが、読み手は外見を見ていることが多いのです。**論文はフォーマルな服装が求められるジャンル**ですから、あまりだらしないかっこうはしないほうが賢明です。

　学生のレポートによく見られるだらしなさは、手近な本しか調べていないことに現れます。おそらく、地域の公共図書館で調べたものを適当に並べたんだろうなあ、という文献リストを眺めていると気持ちが萎えてきます。ひどい場合は受験参考書が並んでいたりします。まともに本を買ったのは高校までで、大学では一切本を買わないようにしているのかもしれません。大学生の知的好奇心の減退は、はたで見ていて心が痛みます。

　こうした態度に共通しているのは、手近にあるもので間に合わせようとする姿勢です。そうした人たちは、参考文献なんて、何か適当に挙げておけばいいのだろうと思っているのかもしれません。しかし、適当に挙げられた参考文献は学術的にまったく価値がありません。今書こうとしていることが、先行研究とどのような関係にあり、そのなかでどのような価値を持つのかがさっぱりわからないからです。

　参考文献は、前述のとおり、アリバイ作りのために挙げるものではありません。自分の主張を、研究史のどこに位置づけ、どこが新しいかを示すために挙げているのです。その人の勉強量、論文にたいする誠実さが現れるのが参考文献のところです。就活のときにリクルート・スーツを着るように、論文を書くときには参考文献をきちんと整えておくことが、社会的マナーとしてとても大切です。

文献のレベルは専門・入門・一般の三つ

　とはいえ、論文のリクルート・スーツが何か、わからない人もいるでしょう。そのようなときに役に立つのが、以下の表3です。専門性という観点から文献を3段階に分けたものです。

　「専門レベル」というのがリクルート・スーツのような正装で、「入門レベル」というのがクール・ビズのような軽装に当たります。「一般レベル」というのはTシャツにジーンズのような普段着です。つまり、「専門レベル」の文献は積極的に論文の参考文献に入れてよく、「入門レベル」の文献は時と場合により、「一般レベル」の文献は参考文献に入れてはいけないということになります。

■表3　出版物のレベル

専門性	本（著書）	雑誌（学術誌）	辞典・事典
専門レベル	研究書	原著論文	（なし）
入門レベル	入門書・概説書	レビュー論文	専門辞典・事典
一般レベル	一般書・実用書	エッセイ	一般辞書

リクルート・スーツ

クール・ビズ

Tシャツ

本（著書）の3レベル

　まず、本から見てみましょう。専門レベルの本は**研究書**です。

　研究書は、書き手が当該分野の最新の知見を披露するものです。私自身は単著だけでこれまで10冊の本を書いています（本書が11冊めで、2024年1月現在25冊です）が、残念なことに研究書はそのうち1冊だけです。

それは博士論文に加筆・修正したもので、『日本語の文章理解過程における予測の型と機能』という 430 ページ、8,000 円の本です。この本から汲みとれる研究書のイメージは、言葉づかいが難しく、内容が高度で、一読して理解するのが困難で、定価が高く、地域の公共図書館にほとんど置かれていない、200 本以上の参考文献が並ぶ本だということです。

　私が 1 冊しか研究書を書いていない理由は単純です。書くのがとても大変で、なかなか書けないのです。個人的には、本格的な研究書は 10 年に 1 冊しか書けないものだと思っています。もちろん、毎年のように書く超人がいないわけではありませんが、それは分野が特殊なことが多いようです。分量がどうしても長くなってしまう分野では、論文という字数が限られた媒体では書きつくすことができず、著書が論文のような役割を果たしているわけです。それとは反対に、理科系では、研究書に相当するものがない分野がほとんどです。なぜなら、理科系の場合は著書ではなく原著論文で業績が評価されるからです。本の形を取る理科系の出版物のほとんどは、入門書・概説書か辞典・事典です。

　一方、入門レベルの**入門書・概説書**というのは、専門的な内容を初学者向けにわかりやすく解説してある本です。定価はさほど高くなく、地域の公共図書館にも置かれています。大学の講義で教科書として指定されているものの多くは、この入門書・概説書です。

　入門書・概説書の特徴は、当該の分野について網羅的かつわかりやすく説明してある点です。ただし、入門書・概説書の参考文献としての最大の問題点はオリジナリティを欠いているという点です。つまり、ほかの人が研究した最先端の内容を引用しながらわかりやすく書いた本なので、入門書・概説書から引用すると、孫引きになってしまいやすいのです。初学者である学部 1・2 年生が引用するのなら、あまり後ろ指をさされないでしょうが、専門教育に足を踏み入れている学部 3・4 年生や大学院生が引用するのは避けたほうが無難です。

ただし、入門書・概説書に部分的にオリジナルな知見が含まれていることもありますし、先行研究のまとめ方が斬新で、そのまとめ方にオリジナリティがある場合もあります。そうした場合は引用しても問題ありません。

　一般レベルの**一般書・実用書**は学術書ではありませんので、論文に引用する価値はありません。学術書かどうかの判断は、記述が正確かどうか、先人のオリジナリティを踏まえているかどうかの2点にかかっています。

　さきほど受験参考書の引用がNGであると申しあげたのは、受験参考書は、記述が不正確で過剰な一般化をしているものが多く、また、先人のオリジナリティを無視して自ら発見したかのように語っているものが散見されるからです。

　入門書・概説書と一般書・実用書との区別は難しいのですが、一つの目安となるのが、参考文献リストが掲載されているか、用語の索引が整備されているかという点です。その両方がない本は学術書ではありませんので、論文への引用は避けたほうがよいでしょう。

雑誌（学術誌）の3レベル

　つぎに、雑誌（学術誌）のレベルについて考えてみましょう。

　専門レベルに当たる**原著論文**は、それまでどこにも発表されたことがないオリジナルな知見を備えた論文のことです。厳しい査読を経た学会誌論文がその典型です。

　学会誌にもランクがあり、そのランクは、その雑誌の論文がどのくらい引用されたかを数値化した被引用率（impact factor）によって測られます。"Nature" や "Science" に載ったらすごいと一般に思われているのは、この両誌の被引用率が世界的に見ても高く、伝統ある雑誌だからでしょう。

　一方、大学の紀要や研究年報などに掲載された論文は、厳しい査読を経ていないぶんだけ、価値が低いと見なされます。その実態はさまざまで、

手抜きを感じる質の低い報告のような論文もある一方、なかには学会誌に掲載されてもおかしくない高い水準の論文もあります。後者のようなものは原著論文と見なして差しつかえないでしょう。

　入門レベルにあたる**レビュー論文**は総説論文や展望論文とも呼ばれ、最先端の研究動向を整理して示した論文です。レビュー論文はその分野の大御所が、過去数年の研究動向を概観し、独自の視点で丁寧にまとめたものですから、学術的な価値自体は高いのですが、オリジナリティが乏しいものが多く、論文の引用にはあまり適しません。もちろん、そこに示された鋭い指摘がオリジナリティを持ち、それが論文のインスピレーションにつながる場合もありますので、その場合は引用する必然性がありそうです。

　そのほか、すでにその分野で研究実績のある第一人者が自分の発見を初学者のためにわかりやすくまとめなおした概説論文や、すでに出版された研究書にやはり第一人者が学術的な評価をした書評論文なども、この入門レベルに位置づけることが可能です。

　一方、専門家でない人が思いつきを披露したものはもちろん、たとえ著名な研究者が執筆したものであっても、体験や思い出などをつづった**エッセイ**は学術的な価値を持ちませんので、論文への引用はできません。本の場合と同様に、参考文献リストがないものは一般レベルと考えておいてよいでしょう。もちろん、雑誌の場合は、発表された媒体が学術的な性格を帯びているかどうかで判断することも可能です。

辞典・事典の２レベル

　さて、辞典・事典についても触れておきましょう。辞典というのは言葉について説明した辞書、事典というのは事柄について説明した辞書です。百科事典は後者が用いられていますが、専門の辞書にかんしては、「辞典」

「事典」両方が使われているようです。

　辞典・事典には専門レベルのものはありません。辞典・事典には通説を書くことが求められており、オリジナリティのある自説を展開することは求められていないからです。

　国語辞典や英和・和英辞典を参考文献に挙げてくる人を見かけることがありますが、それは NG です。『広辞苑』や『大辞林』のような有名な辞典でも NG です。そこに参考文献がないことはもちろん、論文にとって大切な「誰が書いたか」が示されていないからです。参考文献があり、執筆者名が明らかなものにかぎり、論文への引用が可能になります。

　『経済学辞典』や『日本語教育事典』のようなものであれば、筆者名も示されていますので、問題はないでしょう。ですが、論文を書くということは、そうした辞典類を参考にするがわではなく、執筆するがわに立つということを意味します。そうした辞典類に書かれてあることを、すべて正しいこととして鵜呑みにすることは避け、そこにある記述を改善するような論文を書くことをぜひ目指してください。

課題 3

1 自分の研究に関連する先行研究を、Google や Google Scholar、CiNii や NDL ONLINE などを使って検索してください。

2 検索してヒットした文献を実際に取り寄せ、その文献の参考文献欄からさらに関連する文献を探してください。

3 自分の研究で言及する必要のある文献を1と2のなかから選び、参考文献リストを作成してください。

選ぶ―資料と方法

調査には量的調査と質的調査がある

　本章では、データの収集と分析の方法を考えます。データは問いに答える材料となるものであり、方法は、答えが出るようにデータを収集し分析するやり方です。

　研究は英語でリサーチ（research）とも言います。リサーチ、すなわち調査は研究の要です。調査をすることによって、データが収集できます。収集したデータに基づいて問いに答えるのが、研究の王道です。

　調査をする場合、**どの方法を選ぶかというのが一番の悩みのタネ**です。調査方法の種類が多すぎて、どれが自分の研究の目的に合うか、わからなくなってしまいがちだからです。本章では適切な選び方がわかるように、調査方法について詳しく整理して紹介します。

　まず、調査には**量的調査**と**質的調査**があります。

　量的調査は広く知ることを目的としており、大量のデータを集めて傾向を見る調査です。数を数えることを基本としているので、扱うデータは数字になります。アンケート調査がその典型です。

　量的調査は私たちの見方の偏りを是正する働きを持っています。私たちは身近なことを過剰に一般化しがちです。

　こんなときに役に立つのが、大規模な量的調査です。大規模な量的調査を参考にして初めて、世の中の正確な動向が見えてきます。たとえば、テレビのニュースを見ていると、犯罪の報道が多く、私たちの身の回りで犯

罪が増えているように感じます。しかし、国内の犯罪情勢を測る刑法犯の認知件数は、2002年には285万件強と、戦後最多を記録したのですが、翌年からは20年連続で減少し、2021年には57万件弱と戦後最少を更新しました。2022年には増加に転じたものの、それでも60万件強で、犯罪は昔にくらべてずっと少ないことがわかります。

しかし、量的調査はどうしても粗い調査になりがちです。量的調査を見ていても、なぜそうした現象が起きているのかまではわからないのがふつうです。そんなときに力を発揮するのが質的調査です。質的調査は、深く知ることを目的としており、インタビュー調査がその典型です。質的調査の場合、扱うデータは画像や音声になることもありますが、文科系では言葉が中心です。したがって、数を数えて調査対象の全体的な傾向を明らかにするのが量的調査、言葉を解釈して個々の調査対象の本質に迫るのが質的調査と考えておくとよいでしょう。

なぜ犯罪が減ったのかは、若者の数が減少したことなど、データを細かく見ていけばある程度わかる面もあるでしょうが、それだけで説明することは不可能でしょう。犯罪の検挙に当たる警察官、地域の防犯活動に当たる防犯協会に聞いてみたら、実態としてわかる面もありそうです。また、車上荒らしや自転車盗・バイク盗にたいする防犯技術や防犯意識の高まりもありそうですし、暴力にたいする社会の目が厳しくなったこともありそうです。いずれも、関係者に聞いてみて初めてわかることです。

理想は量的調査と質的調査を両方することです。対象について、広く、かつ深く知ることができるようになるからです。しかし、両方することは難しく、たとえできたとしても中途半端になりがちです。ですから、通常いずれかを選ぶことになります。

そこで大切なのは、自分がやろうとしている調査が、量的調査、質的調査のいずれなのかを自覚すること。そして、その方法で自分の知りたいこ

とがほんとうに明らかになるのか自問することです。

量的調査のポイント

　量的調査の場合、たくさんのデータを集めることが重要です。データの量が少ないと、そこから導かれる調査結果にウソが混じりやすくなりますが、データの量が多くなれば、調査結果が学術的な意味を持ちます。しかし、量的調査の場合、「多い」「少ない」と言っても議論になりません。「多い」「少ない」というのは感覚の問題で、主観でしかないからです。ときどき、実数や百分率（％）をもとに「多い」「少ない」という議論をする人がいますが、それは学術的には危険な行為です。量を客観的に把握するには、統計を使うことが必要です。

　統計の利点は、多い、少ないという議論を厳密に展開できることです。量的調査には統計が欠かせません。統計を使うときのポイントは、比較の相手を用意することです。

　たとえば、近所のA小学校で調査をする機会を得たとしましょう。そこで、3年1組34名に「タマゾン川」を5回繰り返し言ってもらったあと、「世界で一番長い川は？」という質問をするという実験をしました。その結果、18名の答えが「ナイル川」（正解）、16名の答えが「アマゾン川」（不正解）だったとします。

　「タマゾン川」というのは「アマゾン川」のもじりで、ペットとして飼われていた多種多様な外来魚が多摩川に放流され、繁殖している様子をアマゾン川になぞらえた名称です。ここでは「アマゾン川」によく似た「タマゾン川」を繰り返し言わされることで、「アマゾン川」と言ったのかどうかを知りたかったわけです。しかし、この16名という間違いは多いのでしょうか。少ないのでしょうか。これだけではなんとも言えません。

　ところが、同じA小学校の3年2組33名に、「タマゾン川」と繰り返し

言ってもらわずに「世界で一番長い川は？」という質問をしたところ、24名の答えが「ナイル川」（正解）、9名の答えが「アマゾン川」（不正解）だったとしたらどうでしょうか。これならば、さきほどの16名の間違いが多いか少ないかが言えるのです。比較の相手があるからです。

　詳しくは統計学の入門書をお読みいただきたいのですが、上記の場合は、カイ2乗検定という統計手法を使うと、1％水準で有意です。つまり、「タマゾン川」と5回連呼したことが、「アマゾン川」という誤答を引き起こしたことと無関係とは言えないということになります。

　なお、前述のA小学校の3年1組は実験群と言います。「タマゾン川」と5回繰り返し言ってもらうという条件を与えたグループのことです。一方、そうした条件を与えなかった3年2組は統制群と言います。このように実験群、統制群を設ければ、多い、少ないという感覚を、統計に基づいて検証可能なものに変換できるのです。

　さきほど、量的調査の場合、たくさんのデータを集めることが重要だと申しましたが、たくさんと言った場合、いくつぐらい必要なのかは難しい問題です。ある集団の傾向を知りたい場合、理想は全数調査です。たとえば、日本国内で5年ごとにおこなわれる国勢調査は、あれだけ多い人数であるにもかかわらず、全数調査でおこなわれます。その理由は、国勢調査の結果は、さまざまな行政の施策の基準となる数字なので、もっとも正確で信頼できる方法でおこなう必要があるからです。

　しかし、私たちが調査をおこなう場合、政府のおこなう調査と違って予算も人員も乏しいわけですから、調査対象となる集団（「母集団」と言います）はよほど小さくないかぎり、全数調査は不可能です。そこで、母集団からその一部を取りだして調査をおこない、全体の傾向を推測する標本調査を使うしかありません。そのさいに問題になるのが、サンプル（標本）をいくつぐらい集めたらよいかというサンプルサイズです。じつは、その

判断が難しく、分野によってかなり異なりますし、同じ分野でもなかなか研究者の見解の一致を見ません。先生や先輩に聞いたり先行研究をいくつか見たりして、おおよその見当をつけるほかないというのが実情です。

　もちろん、理論的にサンプルサイズを決めることはできます。統計的には、1億2,000万人を超える日本の人口にたいして、1,537人に聞けばその実態が十分把握できると考えられています。しかし、日本の人口が10分の1だったとしても、やはり同じ人数に聞く必要があります。母集団の人数が少なければ少ないほど、全数調査か、それに近い標本調査を求められることになります。また、有効回答数が低くなることもあり、若干多めに収集しておくほうが安全です。マスメディアの世論調査では、全国の動向を知るためにだいたい2,000人に聞くようです。

　しかし、私たちが自分一人で2,000人、いや200人でさえ、集めることは難しいと思います。質のよい100人を集められれば御の字でしょう。そのためには、次の3点を考えることが重要です。

　①代表性を確保すること
　②バランスを考えること
　③回答方法を楽にすること

　①代表性を確保することというのは、たとえば、母集団が10,000人のなかで100人を集めるにしても、その100人が母集団10,000人の縮図になるようにすることが重要だということです。よく身近な人に声をかけてアンケートをする人がいるのですが、それでは母集団の縮図にはなりません。母集団を明確にして、その母集団の総体が反映できるように、できればランダム・サンプリング（無作為抽出法）でサンプルを集めることが重要です。

　もちろん、知らない人を集めるのは容易なことではありません。もし知り合いに声をかけてアンケートをしたいのであれば、母集団を知り合いの

総体に近づけてしまうのも一つの方法です。「○○大学△△学部の就活生における」「○○県△△村の農家に見る」「大手製薬会社A社の従業員の」のように、自分のツテや努力で何とかなる母集団にすれば良質なアンケートになります。知らない人を集めたい場合、予算があれば調査会社に依頼する方法もありますし、クラウドソーシングを使えば比較的低額で調査協力者を集めることも可能です。

②**バランスを考えること**というのは、母集団のなかのグループを意識するということです。たとえば、LINEで、吹き出しのなかの文の終わりに句点「。」をつけるかどうか、アンケートを取ることを考えましょう。このとき、若い年代は句点「。」をつけず、上の年代は句点「。」をつける傾向にあることが予想されます。したがって、年代ごとにバランスよくデータを収集することが必要です。また、性別や、ふだんLINEをよくする相手（家族、友人、同僚など）もバランスよく収集しておくと、分析のときに役に立つでしょう。つまり、どのように分析するかを考えたうえで母集団をグループ分けし、そのグループごとに一定の人数を満たすようにサンプルを集める必要があるわけです。

③**回答方法を楽にすること**というのは、たくさんの人を集めるために、アンケートがすぐに終わるように設計するということです。紙のアンケートで1時間かかる調査は面倒ですが、スマホのアンケートで5分で済む調査なら協力してくれる人は多いはずです。回答は選択式とし、質問数は限定する。質問項目は一貫した流れで作り、単純でわかりやすい表現を使うことが回収率を高めるコツです。GoogleフォームやMicrosoft Formsで作ると、記入も集計もしやすいので便利でしょう。

■表4　量的調査と質的調査

調査名	調査のポイント	具体的な調査法の例
量的調査	多くの数のデータを広く集めることが重要。 数を数えて、統計的に全体的な傾向を捉えるのに向く。	実験、アンケート調査、構造化インタビュー、コーパス研究
質的調査	少ない数のデータを深く掘り下げることが重要。 言葉を解釈して、背後にあるメカニズムを捉えるのに向く。	観察、内省、インタビュー調査、文献調査

質的調査のポイント

　質的調査は量的調査とは異なり、たくさんのデータを集める必要がありません。大切なことは良質なデータを集めることです。

　良質なデータとはどのようなものでしょうか。

　まず、良質なデータは、調査対象の母集団を考えた場合、その母集団を代表する典型的なデータでなければなりません。例外的なデータ、偏ったデータは質的調査には不向きです。

　現実には、母集団を代表するデータであることを立証するのは困難なのですが、少なくともなぜ自分がそのデータを取りだしてきたのかを確かな根拠を持って論じられるようにしておくことが重要です。

　また、根拠が見いだしにくい場合は、ランダム・サンプリングによって選びだすこともできます。

　いずれにしても、大切なことは、とりあえず手近で取りやすいデータを取ってくることは避けることです。それをすると、調査をサボっていると見なされ、論文の価値自体が下がってしまいます。

　つぎに、良質なデータは、一つのデータの量が大きく、多様な観点を含むものでなければなりません。質的調査は、データ数が少ないぶん、一つ

一つのデータを多様な観点から徹底的に分析しますので、そうした分析に耐えるものでなければなりません。

　たとえば、対話を研究する場合、対話の文字起こしデータだけでは足りず、きれいに録音された音声データが必要です。音声分析にかけることを考えると、ふつうの IC レコーダーではなく、WAV ファイルで録音できる PCM レコーダーがよいでしょう。さらには、対話は話し手と聞き手が対面し、相手を見ながらコミュニケーションをしていますので、視線やジェスチャーが見られるように別にビデオ録画があると理想的です。

　つまり、データ数が少ないということは、データ一つ一つの情報量が膨大であるということを意味します。質的調査はデータ数が少ないだけで、データそのものが小さいわけではないのです。

六つの調査方法

　調査の方法は分野によってさまざまです。ここでは、代表的なものを六つ挙げておきます。①実験、②観察、③内省、④アンケート調査、⑤インタビュー調査、⑥文献調査です。

　①**実験**は、理科系の研究手法として代表的なものです。A という物質を B という溶液に入れるとどうなるか、C という物質を D という臓器に投与するとどうなるか、など知りたいことを実験室のなかでやってみて、データを得る方法です。もちろん、文科系でも実験をすることは可能です。たとえば、電車のなかで見知らぬ人に声をかけた場合、東京の山手線と大阪環状線ではどのような反応の違いが見られるか、といったような人間を対象にしたものもある種の実験です。

　②**観察**は、実験としてやってみることが困難なことを、対象を一定時間注意深く見ることによって、データを得る方法です。実験することが不可

能な天体観測がその代表でしょう。実験してもその結果がすぐに得られないもの、たとえば植物の生長の様子なども観察の対象になります。文科系でも、自分が実際に参加して、その様子を観察する**参与観察**もよくおこなわれますし、文化人類学の**フィールドワーク**も観察の一種でしょう。

③**内省**は、実際には実験しにくいことを、自分の頭のなかでやってみることです。思考実験と思考観察を推しすすめたものと考えてよいでしょう。哲学は伝統的にこの内省によって発達しましたし、20世紀における言語学の急速な進展もこの内省の働きに支えられてきました。

④**アンケート調査**は質問紙調査とも呼ばれ、量的分析には不可欠です。

アンケート調査で念頭に置いてほしいことは、アンケートに協力してくれる調査協力者に迷惑がかかるということです。ですから、調査協力者の迷惑をどのようにして減らすかをまず考えてください。

謝金などを支払わず、先方の厚意に頼る場合はもとより、謝金を支払う場合でも、調査協力者の都合や希望は最大限配慮するようにしてください。また、調査協力者の個人情報を保護することはもちろん、どこまで調査の結果を公開してよいかという同意書（第17章第25課参照）を作成して説明し、記入してもらうことも研究倫理上必要なことです。

また、調査協力者が希望する場合、調査結果を**フィードバック**することも大切です。現在、調査協力者への配慮が不足した調査が横行した結果、調査お断りという個人や団体が増えてきています。今後の調査者のためにも、くれぐれも誠意ある対応と感謝の気持ちを忘れないでください。

また、せっかく協力してくれたアンケートの結果が使い物にならないということがしばしばあります。これはアンケート調査にかぎりませんが、大規模な調査をするまえに、**パイロット調査**と呼ばれる小規模の予備調査をしていないことが原因です。少人数でかまわないので、試しに自分の作ったアンケートシートで調査をおこない、その調査の結果を確認し、調査

を受けた人の感想を詳しく聞いてください。それで、その調査の問題点はかなり改善されるはずです。

　もう一つ、調査協力者自身の情報を書き込んでもらう**フェイスシート**も重要です。個人情報に配慮しつつ、聞いても支障のない情報は調査時に漏れなく集めてください。

　⑤**インタビュー調査**は面接調査とも言い、質的研究によく使われます。フォローアップ・インタビュー（follow-up interview）と呼ばれる事後的なインタビュー調査は、人間を対象にした実験やアンケート調査のあとにおこない、量的研究だけではわからない理由を探るのに使われます。

　インタビュー調査は、構造化インタビュー、半構造化インタビュー、非構造化インタビューの三つに分かれます（さらに、グループ・インタビューやフォーカス・インタビューなどが加えられることもあります）。

　構造化インタビューは、質問項目があらかじめ決まっており、決まったこと以外は聞かない、アンケートに近いインタビューです。**半構造化インタビュー**は、質問項目はあらかじめ決まっていますが、回答者の反応をより自由に引きだし、必要ならばそこから派生的に質問してもかまいません。**非構造化インタビュー**は、決まった質問項目はなく、ある話題について回答者に自由に話してもらうインタビューです。

　構造化インタビューは短時間ででき、データも多く集められるため、量的研究に向いています。非構造化インタビューは長い時間はかかりますが、調査協力者に深く詳しく聞くことができるため、質的研究に向いています。半構造化インタビューはその中間です。

　⑥**文献調査**は、古典や文学の研究、歴史や社会思想史の研究のように、一次資料に向きあって、貴重な文献を精密に解釈・分析する研究です。あるいは、自分でデータ収集をすることが困難な場合、観光白書や男女共同参画白書のような政府刊行物を利用する調査もあるでしょう。

　文献調査の基本は一次資料を丁寧に解釈すること。これに尽きると思います。新聞や雑誌はそれ自体を研究するのでないかぎり、二次資料にすぎません。一次資料は一見わかりにくいものですが、細かく見ていくと、次第に雄弁に物語りはじめます。

　なお、最近言語学を中心に、**コーパス研究**が盛んになっています。コーパスとは、コンピュータで処理できるように電子化された、大規模なデータのことです。これによって文献調査にたいする量的調査の精度が飛躍的に向上し、特定の文献の特徴や全体像がより正確に把握できるようになっています。こうした、コンピュータを駆使して研究を進める傾向は今後ますます深化していくと思われます。

課　題　4

① 自分の研究の調査方法を複数考えてみてください。そして、その方法が量的調査か質的調査か、また、実験・観察・内省・アンケート調査・インタビュー調査・文献調査のどれに当てはまるか、考えてください。

② 複数考えた調査方法どうしを比較し、その調査方法の長所と短所をそれぞれ指摘してください。

③ 複数考えた方法についてそれぞれパイロット調査をおこない、自分の考えた調査方法の問題点を考えてください。

第5章

確かめる―結果と分析

結果を整理して伝わる論文に

　「結果と分析」は、自分の立てた問いにたいする答えの正しさを、具体的なデータとともに示すところです。「結果と分析」で難しいのは、具体的なデータをどのように整理すれば、読者を説得できるわかりやすいアウトラインが作れるかということです。

　ここで、一つの例を挙げましょう。私のゼミに所属していたタイ人の大学院生ニンさんの研究です（サンタヨーパス 2011）。

　日本語では感謝を示すときに「ありがとう」「サンキュー」のように直接的に感謝を示すだけでなく、「すみません」「申しわけありません」のように謝罪の言葉で間接的に感謝を示したり、さらには「すみません。ありがとうございます」と、二つを合わせて言ったりします。ニンさんは、こうした使い分けについてアンケート調査をし、修士論文を書きました。

　ニンさんは、そのような使い分けの背景には、
　　①話し手の性別（男性か女性か）
　　②話し手の年代（20代、30代、40代、50代、60代、70代以降）
　　③話し手と聞き手の上下関係（目上か目下か）
　　④話し手と聞き手の親疎関係（親しいか親しくないか）
　　⑤依頼の有無（感謝の内容が頼んだことか頼んでいないことか）
　　⑥聞き手の負担度（感謝の内容の負担が大きいか小さいか）

という六つの要因があるのではないかと考えました。

　そこで、20 代〜 70 代の 6 グループの男女各 10 名の計 120 名を対象に
アンケート調査をおこないました。実際の調査ではタイ人にも調査してお
り、計 240 名になります。一人でよくがんばったものだと思います。

　アンケートでは「ふだんお世話になっている目上の人」「ふだん面倒を
見ている目下の人」「仲のよい友人」「顔と名前を知っている程度の知り合
い」という 4 種類の聞き手を想定しています。内容は「話し手が依頼した
ことにたいする感謝」「依頼していない予期せぬことにたいする感謝」の
二つに分け、それぞれ 3 段階の負担度（低・中・高）を想定しています。

　その結果、日本人を対象にしたものだけでも、

$$10 \times 2 \times 6 \times 4 \times 2 \times 3 = 2{,}880 （パターン）$$

というデータ数になっています。これをどう整理して論文にしたらよいか、
考えてみましょう。

　まず、考えたいことは、①〜⑥は六つがそれぞれ独立しているわけでは
なく、三つのグループに分かれるという点です。①「話し手の性別」と②
「話し手の年代」は、話し手の属性であるという点で共通していますし、③
「話し手と聞き手の上下関係」と④「話し手と聞き手の親疎関係」は、話し
手と聞き手の関係という点で共通、⑤「依頼の有無」と⑥「聞き手の負担
度」は、感謝の内容という点で共通しています。

　そうすると、1 章を「目的」、2 章を「先行研究」、3 章を「資料と方法」と
すると、4 章から始まる「結果と分析」はたとえば、

---

4. 話し手の属性　　4.1. 話し手の性別　4.2. 話し手の年代

5. 話し手と聞き手の関係　　5.1. 上下関係　5.2. 親疎関係

6. 感謝の内容　　6.1. 依頼の有無　6.2. 聞き手の負担度

のように、整理・分類することが可能です。見出しは、このように同一の

観点で整理できれば、読み手の頭にすっと入ります。

　つぎに、整理・分類した調査の結果をどのように示すかなのですが、これはかなり難しい作業です。ニンさんは、まず、依頼の有無を軸に考えました。というのは、依頼をしない場合と違って、依頼をする場合はそもそもその相手に頼まないというケースもあるからです。

　そのうえで、最初に、話し手の属性を分析し、話し手の性別と話し手の年代を分けて比較したものを示しました。話し手の性別と年代を同時に考えると混乱するからです。男性と女性を比較するときは年代を無視してすべて足し、年代を比較するときは性別を無視して二つを足しました。その結果、性別の違いも、年代の違いも、感謝の場面で感謝するか謝罪するかの選択に影響をあまり及ぼさないことがわかりました。

　ついで、話し手と聞き手の関係について分析しました。このときは、相手が目上、目下、仲のよい友人、単なる知り合いの四つを分けずにまとめて比較しました。まとめて比較しても混乱は起きず、むしろ傾向がはっきり見えると判断したからです。

　その結果、相手が目下か仲のよい友人の場合は感謝だけで済ます傾向が強いのにたいし、相手が目上か単なる知り合いの場合は、謝罪か、感謝と謝罪を合わせて示す傾向が強いことがわかりました。

　つまり、目上であることと親しくないことは、人間関係の面で距離がある点で共通しており、感謝の場面で謝罪を交えて丁寧に表現することでその距離感を保持し、相手に失礼にならないようにしているわけです。

　最後に、感謝の内容ですが、これは、話し手の性別と年代と同様、依頼の有無と聞き手の負担度を別々に考えました。分けて考えないと、混乱を来すからです。

　その結果、聞き手の負担度は、感謝と謝罪、いずれの表現を選択するか

にあまり関係がない一方、依頼の有無では明らかな違いが見られました。依頼をしたほうが、謝罪か、感謝と謝罪を合わせて示す傾向が強いのです。これは、こちらからお願いして忙しい相手の手を煩わせたというお詫びの気持ちが謝罪という形で表れるのでしょう。また、依頼していないことを相手がしてくれた場合、先方の厚意は感謝をして素直に受け取るのが自然ということもあるでしょう。

このように、要素が複雑に絡み合う場合は整理・分類して示すことが必要です。**観点が共通するものは一つにまとめたほうがよいですし**、**二つの要素を同時に比較することは混乱を招きやすいので**、避けたほうが無難でしょう。

結果を見やすくする工夫

「結果と分析」の章の分類・整理の方向性と見出しが決まれば、あとは読み手にいかにわかりやすく内容を示せるか、プレゼンテーションの問題になります。「結果と分析」の章は、全体のなかでもとりわけ長くなりやすい部分なので、見やすくする工夫が大切です。

まず、段落の構成です。章や節に見出しがあるように、一つ一つの段落にも見出しがつくようにまとめると、読みやすくなります。論文の段落は、多少長くなってもかまいませんので、感覚で改行せず、論理を重視してください。

アカデミック・ライティングで推奨される段落構成は、**トピック・センテンス**（a topic sentence）→**サポーティング・センテンス**（supporting sentences）→**コンクルーディング・センテンス**（a concluding sentence）というものです。

段落の冒頭に来るトピック・センテンスは、その段落の中心的なトピッ

ク（話題）とそのコメント（説明）を含みます。そのあとに続く数文からなるサポーティング・センテンスは、トピック・センテンスを支える根拠や例、引用などが来ます。そして、段落の最後に来るコンクルーディング・センテンスはトピック・センテンスと強いつながりを持つ文で、段落全体の内容をまとめます。

●推奨される段落の構成

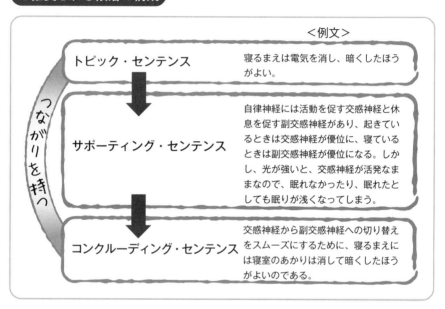

＜例文＞

トピック・センテンス	寝るまえは電気を消し、暗くしたほうがよい。
サポーティング・センテンス	自律神経には活動を促す交感神経と休息を促す副交感神経があり、起きているときは交感神経が優位に、寝ているときは副交感神経が優位になる。しかし、光が強いと、交感神経が活発なままなので、眠れなかったり、眠れたとしても眠りが浅くなってしまう。
コンクルーディング・センテンス	交感神経から副交感神経への切り替えをスムーズにするために、寝るまえには寝室のあかりは消して暗くしたほうがよいのである。

つながりを持つ

また、段落どうしを結びつける文章の流れを決める表現も重要になります。それは、指示詞や接続詞、後続の内容を予告・整理する表現などによって担われ、第2部第15章「明晰な文章展開」で集中的にトレーニングしますので、そちらを参照してください。

さらに、図・表や例を見やすくする工夫も欠かせません。
図や表を見やすくするコツは、図や表自体にキャプション、すなわちタイトルをつけることです。

図や表を示しても、それが何を示す図か表かがわからないと、意味があ
りません。本文を読まずに図や表だけ読む人も少なくないものです。また、
本文で言及しやすいように、図1や表2のように番号もつけてください。

　また、図、とくにグラフの場合、折れ線グラフ、円グラフ、棒グラフの使
い分けも重要です。変化を知りたいときは折れ線グラフ、全体の割合を知
りたいときは円グラフ、複数の項目の値を比較したいときは棒グラフがよ
いでしょう。

　最近の表計算ソフトは、グラフを作るとカラーになることが多いのです
が、実際に印刷するときには白黒で印刷することが多いので、図は白黒モ
ードで作成することをお勧めします。

　表では、本文よりも数字を小さめにしたほうが見やすくなります。数値
はセルのなかでは右寄せにしたほうが桁の違いがよくわかります。

● 図表の使い分け

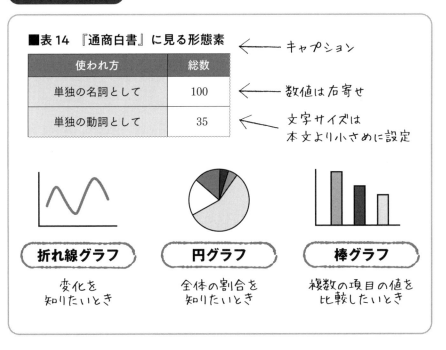

例を示すときは、典型的な例を挙げるようにしてください。全体のバランスを欠くような長い例はお勧めしません。言語学の論文では、例文は2字下げにし、番号をつけて引用することになっています。そのほうが視覚的に見やすいからです。分野によって流儀は違うと思いますが、例や引用を示すときは、地の文と一目で区別できるようにすることが原則です。

　以下は金田一春彦（1950）「国語動詞の一分類」『言語研究』15、pp.48-63、日本言語学会からの引用例です。

　日本語の「ている」をめぐるアスペクト研究は、金田一の継続動詞と瞬間動詞の区別の提案によって急速に発展した。継続動詞とは、

　　明瞭に<u>動作・作用を表す動詞であるが、但しその動作・作用は、ある</u>
　　<u>時間内続いて行われる種類のものであるような動詞</u>（金田一1950:48）

であり、瞬間動詞とは、

　　<u>動作・作用を表す動詞ではあるが、その動作・作用は瞬間に終わって</u>
　　<u>しまう動作・作用である動詞</u>（金田一1950:49）

である。(1)の「読む」が継続動詞、(2)の「つく」が瞬間動詞に当たる。

　　(1) 本を読んでいる。
　　(2) 電気がついている。

課　題　5

1 自分の研究の調査方法およびパイロット調査の結果を踏まえて、自分が立てた研究上の問いにたいしてどんな答えが得られそうか、仮説を立ててください。

2 自分の研究の調査方法とパイロット調査の結果、および1の仮説を踏まえて、「結果と分析」の章の具体的な章立てを考えてください。

第6章

裏づける―考察

目に見えないメカニズムをあぶりだす

　「考察」は「結果と分析」で示されたデータの意味を解釈し、そのような結果が得られたのはなぜか、その理由を説明し、裏づけるところです。

　研究の最高の楽しみは何でしょうか。目に見える現象を手がかりに目に見えないメカニズムをあぶりだすことです。その醍醐味が味わえるのがこの「考察」です。

　地学でプレート・テクトニクスという考え方を習った人もいるでしょう。地球上の大陸は何枚かの大きなプレートのうえに載っており、それが少しずつ移動することで地震が起きたり地形が変わったりするという考え方です。

　地動説が唱えられたとき、私たちがそんな不安定な基盤のうえで生きているという事実が当時の人には受け入れられませんでした。それと同じように、プレート・テクトニクスもまた、唱えられた当初は荒唐無稽な説として退けられました。

　しかし、観察に基づく事実を積み重ね、そこから推論すると、プレート・テクトニクスという考え方を採用せざるをえないわけです。2011年、東京電力福島第一原子力発電所の事故を受け、静岡県の中部電力浜岡原子力発電所が停止された理由は、その地域が、北西から張りだしているユーラシアプレート、南から張りだしているフィリピン海プレート、東から張りだしている太平洋プレートという3枚のプレートがぶつかりあって、大き

第⑥章　裏づける―考察

な地震が非常に起きやすい場所だからです。

　プレート自体を目で見ることは困難ですが、事実から推論を積み重ねていくと、プレートが移動し、ぶつかりあっているメカニズムが徐々に見えてくるわけです。

　そう考えると、目に見えるデータを解釈し、目に見えないメカニズムをあぶりだす「考察」は、論文にとって必要不可欠な部分です。

　ところが、論文を書くとき「考察」というプロセスは、軽んじられる傾向があります。

　一つの理由としては、とくに文科系の論文で多いのですが、結果と考察が分けて書かれず、その存在が意識されないということがあるでしょう。別の理由としては、事実発見型の論文の場合、論証のプロセスはさほど重要ではなく、結果だけわかれば十分ということがあるからでしょう。

　しかし、もっとも大きい理由は、目に見える現象を分類、整理し、記述することが研究だという意識が強い日本の学問風土にありそうです。その意味で、日本の研究は結果志向、データ志向と見ることができます。

一方、欧米の研究は、分野によっても研究者によっても違うでしょうが、一般に考察志向、モデル志向です。目に見える現象ではなく、目に見えないメカニズムのほうを重要視するわけです。もちろん、目に見える現象も大切にするのですが、それがどのようなメカニズムによって生みだされるのか、背後の基盤に目が向くわけです。

　たとえば、文法の分野では、日本では記述文法が主流でした。文法形式を文法カテゴリに分け、類義表現の違いを精密にすることに学問的な価値が見いだされたのです。一方、欧米では、生成文法や認知文法という理論やモデルに基づいて、その理論やモデルを検証するという形で進んでいきました。

　やや難しい話になりましたが、大切なことは、結果だけではなく、その結果がなぜ生じたのか、その背後に潜むメカニズムをあれこれ想像してみることもまた、論文にとって欠かせないプロセスだということです。

憶測を防ぐ方法

　考察は、**結果として得られたデータから推論する**という形で導きだされます。考察は、データを詳細に分析し、そのような結果になったのがなぜか、その結果を生みだす原動力となった背後にあるメカニズムをあれこれ推論することになります。

　しかし、結果として得られたデータのみに依存すると、しばしば根拠のない憶測になってしまいます。それを防ぐためにはどのようにしたらよいでしょうか。

　一つの有力な方法は、考察を進めやすいように、結果として得られたデータとは別に、**考察のさいに必要になるデータを準備しておく**ことです。

たとえば、人間を対象にした調査をした場合、その調査をとおして知りたかったことを裏づけるようなインタビューを調査のあとにおこなうことがあります。これは第4章で紹介したフォローアップ・インタビューと呼ばれるもので、考察をするさいに参考になるデータです。

　もう一つの方法は、**先行研究のデータと比較すること**です。
　先行研究と比較すると、自分自身の研究のデータの傾向が明確になり、そうしたデータが得られた原因が探りやすくなります。あるいは、観点が異なる先行研究から、自分自身の考察を支えるようなデータを得るということも有効な方法です。
　考察は、別に調査をおこなうことと、先行研究を収集しておくこと、この二つをしっかりやることによって、より強固な裏づけとなります。

課　題　6

1自分の研究のパイロット調査から得られた、予想される結果を踏まえて、なぜそのような結果になるのか、その理由を推測してください。

2そのような結果になる理由を明らかにするためには、どのような追加調査や先行研究が必要になるか、考えてください。

第7章

まとめる―結論

結論は独立した要旨にする

　「結論」は、「問う」→「調べる」→「選ぶ」→「確かめる」→「裏づける」という**一連の過程を要約したものを書く**ところです。

　大切なことは、一連の過程を要約したものと言っても、「結論」だけを読んだ人も内容がきちんと理解できるように**独立したものとして書く**ことです。その結果、それまで書いたことと表現や内容が重複してもかまいません。むしろ、重複するのがふつうです。

　「結論」を独立したものにする理由は、忙しい読者のなかには「結論」しか読まない人がいますし、また、独立したものにしておけば、要旨が求められたとき、それに多少加筆修正して転用できるからです。ですから、「結論」は論文全体の要旨を書くつもりで書くとよいでしょう。

　結論は、論文全体の問いとその答えを含んでいなければなりません。結論を見れば、その論文が筋の通ったものかどうかがわかります。

　論文は自分で問いを立ててそれに答える営みですが、よく、書いているうちに、立てたはずの問いがあいまいになってしまって、問いと答えが合わなくなることがあります。

　結論は、そうした**問いと答えのずれやひずみを明らかにしてくれる鏡**のような存在です。結論を書くのは最後になるのがふつうですが、書いている途中で結論の姿を想像し、着地点を確認しておくことは、論文としての筋を通すために大切なことです。

第⑦章　まとめる―結論

● 結論の位置づけ

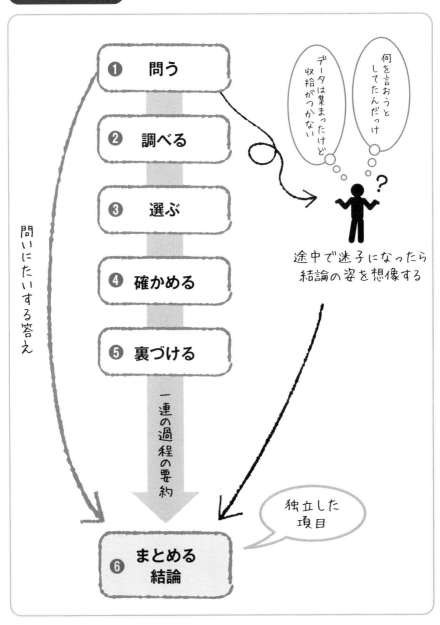

① 問う

② 調べる

③ 選ぶ

④ 確かめる

⑤ 裏づける

一連の過程の要約

⑥ まとめる 結論

問いにたいする答え

データは集まったけど収拾がつかない

何を言おうとしてたんだっけ

途中で迷子になったら結論の姿を想像する

独立した項目

068

今後の課題は背伸びしない

　今後の課題は、今回の調査で明らかにならなかった部分を明確にし、これからの研究の見通しを概観するために示すものです。

　今後の課題は、かならず書かなければならないわけではありません。それ自体で完結した研究であれば示す必要はありませんし、今後も研究を続ける予定のない人が書くのは不自然です。論文の評価は、書き手の調査結果と考察で測られるもので、今後の課題で測られるものではありません。

　今後の課題は、その人が考える研究史のなかで、本人の到達点を示すと同時に、今後その人がやることを想定するものです。自分がやる気のない、できそうもない課題を挙げることは、印象を悪くします。

　一方、博士論文を将来書くことを考えている人が、修士論文や学術雑誌論文に今後の課題を盛りこむことは意味があります。博士論文を準備している人は、自分自身のテーマについて一定のビジョンを持っているでしょうし、それを示すことは今書いている論文の価値を高めることにつながるからです。しかし、そうしたビジョンを持っていない人の場合、取ってつけたように今後の課題を無理して書くと、かえって逆効果になるでしょう。

課 題 7

1️⃣自分の研究について、自分が立てた研究上の問い、および、それにたいする答えをそれぞれ1文で表現し、その対応関係を確認してください。

2️⃣自分の研究について、パイロット調査の結果や、そこから推測した理由などを用い、現段階で書ける範囲で論文の要旨を400字以内で作成してください。

第8章

校正する―提出前の原稿チェック

校正の五つのチェック項目

　論文は書けたらすぐに提出するものではありません。締め切りまえに書きあげ、少し寝かせたあと読み返してチェックし、そのうえで提出します。チェックするポイントは、①番号の確認、②誤字・脱字、③表記の統一、④参考文献の照合、⑤紙面の見やすさです。

　①番号の確認というのは、第3章が抜けていたり、表2が二つあったりしないかをチェックすることです。論文は、書いているうちに構成を変えていくものですので、しばしばそうしたことが起こります。番号のずれは読み手の混乱のもとですので、丁寧な確認が必要です。

　②誤字・脱字はパソコンで書いている場合、「意外」を「以外」と書いてしまうような変換ミスが中心です。第2部の第10章第3課で扱います。

　③表記の統一は、「行う／行なう／おこなう」のような複数の表記が併存しないように確認することで、第2部の第11章第4課で扱います。

　④参考文献の照合は、本文にある文献が引用されているのに、参考文献リストにその文献が載っていないということがないように確認することです。また、参考文献が筆者の氏名の五十音順（日本語の場合）、アルファベット順（英語の場合）に並んでいないと、載っていても載っていないと誤

解されかねませんので、順序にも注意が必要です。

⑤**紙面の見やすさ**は、レイアウトによって決まります。段落分けがうまくいっていないと読みにくい紙面になりますし、図や表の前後は1行ずつ空けることで見やすくなったりします。章や節を表す見出しはゴシック体にするだけで目立つようになります。

論文のFAQ

最後に、論文を執筆している人からよく質問されることをまとめて、第1部を終えることにしましょう。

Q1　副題はつけたほうがいい？

副題（サブタイトル）はつけずに済むのなら、つけないほうがよいと思います。しかし、主題（メインタイトル）が長くなるようなら、副題をつけて分けたほうが見やすくなるので、必要ならばつけてもよいでしょう。

副題をつける場合、主題を大きな内容にして、副題で絞りこむ方法と、主題を絞りこんだ内容にして、副題で大きな内容を示す方法があります。このどちらがよいのでしょうか。

主題を大きな内容にして、副題で絞りこむ方法は、修士論文や博士論文といった長い論文に向きます。一方、主題を絞りこんだ内容にして、副題で大きな内容を示す方法は学術雑誌論文など短い論文に向きます。

Q2　キーワードはどうやってつけるの？

論文によっては、キーワードが要求されることがあります。インターネットなどで検索した場合、その研究をヒットしやすくするためです。

検索のためということを考えると、タイトルのなかに含まれている語とキーワードが一致していては検索の役には立たないでしょう。また、自分で作りだした専門用語、一般性に乏しい特殊な用語、極端に長い語、語と語を組み合わせた句などはキーワードにふさわしくない語です。検索者が検索しそうな短い語を入れておくようにすることをお勧めします。

Q3　注はつけたほうがいい？

分野にもよりますが、最小限に留めたほうがよいでしょう。

つけるのは、補足説明するとき、感覚としては（　）に入れたくなるような内容が出てきたときです。注にせずにそのまま本文に残すと、本文の筋が見えにくくなるような場合には注で示したほうがよいでしょう。

注を脚注にするか、後注にするかは、書式が決まっている場合をのぞき、個人の好みです。私自身は読者がページをめくる手間を省くために、脚注を使うようにしています。

Q4　1.2.1 のような階層は何桁ぐらいが適切？

短いレポートでは 1 桁、卒業論文や学術論文では 2 桁、長い修士論文や博士論文では 3 桁が上限です。

読み手が整理して頭に入れられるのは、通常は 2 桁、多くても 3 桁が限度です。1.2.1.3 のような 4 桁は、読み手にとっては苦痛です。節・項という 2 層構造、章・節・項という 3 層構造に留めるのが望ましいと思います。

Q5　文章のなかで箇条書きを使ってもいい？

文章のなかで箇条書きを使ってもよいかどうかについては、賛否があります。論文なのだから、きちんと文章で書くべきという考え方も根強いの

ですが、私自身は箇条書きを混ぜたほうが、読み手が内容を読み取りやすくなるので、適度な使用であれば箇条書きは有効と考えています。

箇条書きは、図や表と同じような役割をします。つまり、結果や要点をまとめてわかりやすく提示する働きをするものです。ですから、ここぞというところで、箇条書きを使ってみてください。

箇条書きを見やすくするコツは、番号と見出しをつけることです。番号があると本文で言及しやすくなりますし、見出しをゴシック体で示しておくと、要点がよりつかみやすくなり、読み手に親切です。

Q6　参考文献はどの範囲まで載せるべき？

参考文献は、本文で言及したものだけを載せるのが原則です。

参考文献を引用文献あるいは言及文献と書く人がいます。これは、日本語の論文では参考にしたものは何でも載せる人がいるために、そうした広い意味での参考文献と区別するためです。

しかし、参考にしただけというのでは基準があいまいですので、これから論文を書こうという人は、参考文献欄に載せる文献は本文でかならず具体的に言及・引用する箇所を作るように心がけてください。

Q7　参考文献を引用するときの注意事項は？

引用の大原則は、ほかの文献の文章をそのまま引用するときは「　」に入れ、文献名とページ数を示す。書き手のほうで要約するなど手を加えて引用するときは「　」に入れないようにし、その文献名を示すことです。

また、論文末には参考文献の一覧をつけますが、そこでは、日本語の文献は五十音順、英語など海外の文献はアルファベット順で載せます。問題は、日本語と英語の文献の両方がある場合です。私自身はわかりやすさを優先して、日本語の文献と英語の文献を分けて書きますが、文献は公平に

扱うべきという原則から、日本語と英語の文献を混ぜてアルファベット順に並べて書くという方法も有力です。まれに、年代順に書かれることもありますが、これはその分野の研究を網羅し、研究史の流れを概観することを目的としたもので、一般的ではありません。

　もう一つ問題になるのが、どの範囲までを参考文献にするかです。参考文献欄に載せるものは、第三者が内容を確かめたくなったとき、入手可能であることが原則です。

　ですから、卒業論文や修士論文は参考文献に入れにくいのですが、博士論文は、大学図書館の機関リポジトリにおける公開が原則なので、載せてもよさそうです。私的な研究会での発表は載せられませんが、学会の全国大会で予稿集が整備されているものなら引用することが可能です。

Q8　論文は順序どおり書かないとダメ？

　どこから書きはじめてもかまいません。論文というものは手をつけるまでがおっくうなものですが、乗ってきたらどんどん書きすすめられます。ですから、書きはじめやすいところから書きはじめるのがよいでしょう。

　大切なのは、書きおわったら最後に全体を通読し、読み手の立場からみて不自然な流れは直しておくことです。論文は漆塗りのようなもので、何度も全体を読みなおし、その都度調整することで強いものになるのです。

課　題　8

1本章、およびそれまでの章を参考に、自分なりの「論文提出前チェック項目リスト」を作成してください。

2自分がこれまでに書いたレポートをそのチェックリストで確認し、どのようなところに問題があったか、確かめてください。

第 2 部

論文の表現

第9章

論文の表現の考え方

ウソは減らせる

　第2部では、日本語の表現面から論文を考えます。論文の表現の特徴を考える場合、もっとも大切なことは何でしょうか。

　それは、「正確」であること、難しい言葉で言えば「厳密」であることです。わかりやすく「ウソがない」ことと言い換えてもよいでしょう。この「正確」「厳密」「ウソがない」ということが、論文の表現で何よりも大事なことです。

　しかし、ウソがまったくない文章など書けるのでしょうか。1文レベルでは可能な場合もあるでしょうが、あるまとまった内容を多数の文によって説明しようとする場合、ウソが混入することは避けられません。その意味で、完全に厳密な論文を書ける人はいないでしょう。

　それなら、論文を書くことはそもそも不可能なことなのでしょうか。あきらめることはありません。ウソをなくすことはできなくても、ウソを減らすことは十分可能です。

　大学の先生になるためには、自分が専門とする分野の学会の雑誌、いわゆる学会誌に論文を投稿し、掲載されることが必要です。学会誌には査読というシステムがあり、投稿されてきた論文にウソがないかどうかチェックします。完全にウソをなくすことはできませんが、論文のどこを探しても重大なウソが確認できないと判断されて初めて学会誌に掲載されます。

　学会誌に論文が掲載されることはとても難しいことです。今日、たまたま私の自宅に送られてきた『日本語教育』という雑誌（149 号、2011 年 8 月刊行）のあとがきを見ると、投稿されてきた論文 45 編にたいし、掲載されたのはわずか 3 本、採択率は 7％弱だそうです。この 149 号はとくに狭き門だったのだと思いますが、この『日本語教育』という学会誌の場合、通常でも採択率は 2 割前後ですし、世界的に有名な科学雑誌 "Nature" や "Science" などは 1 割前後です。

　すでにプロである大学や研究所の先生、あるいはプロを目指している大学院生が必死になって書いて投稿しても、この程度の採択率に留まるのです。

　大学の先生は、査読という修羅場を何度もくぐり抜けて論文が学会誌に採用された経験を持つ、ウソの少ない文章を書く専門家です。また、私自身もそうですが、査読者として投稿論文の良し悪しを判断する評論家でもあります。

　みなさんは、そうした専門家に読んでもらうために論文を書いているのです。その現実をまず頭に置いてください。

ツッコミを入れる

　漫才にボケとツッコミの役割があることはよく知られています。自ら面白いことを言って笑いを取るボケにくらべて、どこが面白いのかを聴衆にわかるように指摘するツッコミの役割はやや地味です。しかし、笑いを確実に引きだすのに、優れたツッコミは欠かせない存在です。

　論文にもまたツッコミが必要です。しかし、それは笑いを取るツッコミではなく、**ウソを見破るツッコミ**です。論文を専門家が真剣に読む場合、1 文 1 文「これって本当？」と疑いながら読んでいきます。そして、どこ

にウソがあるかを敏感に探知したら、「これはウソでしょう。はい、やりなおし！」という鋭いツッコミを入れるのです。

　論文は主張を述べるだけでは不十分で、主張が正しいことを示す根拠（evidence）が必要です。査読者に「これって本当？」という疑いを入れられたとき、「本当です。～という根拠があるからです」とデータを見せて説得する必要があるからです。

　学位論文の最高峰である博士論文は、書きおわったあと、最後に面接試験が待っているのがふつうです。査読に当たった３～５名の教員が、執筆者本人をまえにして、提出された論文の内容に直接ツッコミを入れるのです。博士論文の最後の難関であるこの面接試験のことを英語ではディフェンス（defense）と言います。ディフェンスとはよく言ったもので、論文執筆者の大学院生は、査読者の厳しい批判にたいし、ときには反論し、ときには証拠を示し、ときにはひたすら耐え、自分の主張という砦を最後まで守りきって念願の博士号を手にするのです。

　優れた論文の書き手は例外なく鋭いツッコミ力を備えています。自分の書いていることに、「これって本当？」という疑いの目をつねに向け、その疑いを晴らすように文章を書き、ディフェンスの技術を日々みがいているからです。そのようにして書かれた文章は、言葉選びの面でも、論理の面でも、十分に鍛えられた厳密なものになっています。

オリジナリティが大切な理由

　しかし、論文はウソが少ないだけでよいのでしょうか。ウソが少なければ、それが高い評価に直結するかというと、かならずしもそうとはかぎりません。

　もしウソがない文が高い評価を受けるのであれば、「水は1気圧の条件下では100℃（正確には99.974℃）で沸騰する。」「サクラはバラ科の植物である。」といった文は論文として高い評価を受けるのでしょうか。もちろん、受けません。みんなが知っている当たり前のこと、いわゆる常識だからです。

　高い評価を受けるためには、誰も知らないことを新たに発見しなければなりません。それを**オリジナリティ（独創性）**と言います。オリジナリティというのは、じつはきわめて高いハードルです。なぜなら、世界で初めての発見でなければならないからです。

　たとえば、「地球は丸くない。自転による遠心力があり、極半径よりも赤道半径のほうが長いからだ。」「北極海に浮かぶ氷が溶けだしても海面上昇はほとんど起きない。アルキメデスの原理に従うからだ。」といったことは、知らない人もいるかもしれませんし、そうした事実をテレビや新聞によって初めて知った人は高い評価をするかもしれません。

　しかし、研究者の世界では高くは評価されないのです。すでに別の人が世界のどこかで発見していることだからです。ですから、世界で一番早く

その事実に気づき、論文という形で発信してオリジナリティを確保することが求められるのです。

　もちろん、オリジナリティといっても、その内容が何でもよいわけではありません。隣の家のミケが子どもを産んだという事実に世界で一番早く気づいたとしても、それは論文にはなりません。学術的に価値のある内容ではないからです。

　学術的に価値のある内容かどうかは、その基準が分野によって異なりますので、本書でその基準を扱うことは困難です。ただ、たとえその分野の素人であっても、その分野に興味さえあれば、次第にどんな研究に学術的な価値があるかはわかるものです。

　私自身、学会誌の査読をしていて複雑な気持ちになることがあります。ウソのない論文を学会誌自体があまりに求めすぎる結果、小さくまとまった面白くない論文が掲載される傾向にあるのです。

　学問というのは、新しい分野ができた当初は非常に面白い論文が生産されるのですが、その学問が成熟するにつれて、細分化された、重箱の隅をつつくような論文が多くなります。これはたいへん残念なことです。

　ウソから出たまことという言葉もあるように、学問はウソも含めたさまざまな試行錯誤のなかから生まれてくるものです。

　最初からウソを書こうという確信犯はもちろんいけませんが、ウソの海のなかで溺れそうになりながら真理のワラをつかもうという姿勢で大風呂敷を広げることは、研究を発展させるために、むしろ大切なことだと私自身は考えています。

ウソが許されない理由

　しかし、なぜ論文の言葉にウソがあってはいけないのでしょうか。それは、学問の発展のために書かれる文章という目的によります。

　学問というのは、理科系の研究者が科学（science）と呼んでいるもので、真理の積み重ねによって発展していくものです。もし学問がウソのうえに成り立っていたとしたら、どういうことになるでしょうか。

　医者が患者に処方した薬に効き目がなかったり、副作用が激しかったりして逆効果になるかもしれませんし、信号機の色がうまく発色せず、大事故につながるかもしれません。

　また、社会で起きている社会問題、たとえば年金問題や財政赤字にたいして政府は適切な対処ができなくなるかもしれませんし、産業構造の変化やグローバル化の進行のなかで企業は時代に合った経営方針が打ち出せなくなるおそれもあります。

　生理学や電気工学、経済学や経営学が正しい知見を積み重ね、それを論文という形で発信してきたからこそ、最前線で働く人々は、その蓄積のうえに立って、それぞれが現場で直面する切実な問題に適切な対処ができるようになっています。それが現代の文明社会です。

　学問は、誤った知見が正しいと誤解され、それが定着してしまうと、その誤った前提のうえにさらに誤った知見が積み重なるという負の連鎖を引き起こす宿命を持っています。

　その意味でウソは致命的であり、そうしたウソを可能なかぎり排除できるような自律的なシステムを学問の世界は持っているのです。それが、査読によって論文を選別するシステムです。

　ですから、論文はできるだけウソを少なくする必要があるのです。

本書第2部の構成

　この第2部は、論文の表現から、できるだけウソを排除するトレーニングをおこなうため、第10章から第16章まで、七つの章に分かれています。下図を参照してください。

　これら七つの角度から、どうすれば、論文に現れるウソを減らせるのかを、日本語の表現面からくわしく検討していきます。

●本書第2部の流れ

第2部	テーマ	内容
第10章→P83	正確な言葉選び	語の選び方と定義の仕方を中心に、論文の日本語について考えます。
第11章→P98	正確な表記	漢字、読点、カッコといった表記の観点から、論文の日本語について考えます。
第12章→P112	論文専用の表現	分野にかかわらず、論文に共通して使われる表現とその特徴について考えます。
第13章→P130	論文の文体	論文らしい厳密さを感じさせる表現について、文体という観点から考えます。
第14章→P148	明晰な文	一読して意味を誤りなく把握できるような、簡潔な文の構造について考えます。
第15章→P171	明晰な文章展開	整理の行き届いた文章展開について、文をつなぐ働きのある表現を手がかりに考えます。
第16章→P195	書き手の責任	論文に説得力を持たせるための方法として、事実と主張の区別、自己と他者の区別などについて考えます。

10章 正確な言葉選び

第10章の構成

　第10章で考えるのは「正確な言葉選び」です。書き手の伝えたいことが正確に読者に理解されるように書くためには、話し言葉の感覚的な発想を脱し、書き言葉の分析的な発想を身につける必要があります。

　そのことを「いつも」という語を例に考えてみることにしましょう。

　たとえば、あなたが大学生になって、あるサークルに入ったとします。初めて部室に行ったとき、そこには、背の高いハンサムな先輩がおり、赤いジャンパーを着て座っていました。つぎの日、授業が終わったあと、部室に行ってみると、やはりその先輩がいて、昨日と同じように赤いジャンパーを着て座っていました。

　そこで、あなたは友人になったばかりの、同じサークルに入った同級生に耳打ちしました。

　「あの先輩、いつも赤いジャンパーを着て部室に座っているね。」

　しかし、これが論文ならこう書かなければなりません。

　「あの先輩は、私が部室に行ったとき、2日つづけて赤いジャンパーを着て部室に座っていた。」

　話し言葉の発想なら、2日か3日つづけて同じことがつづけば「いつも」で問題ありません。しかし、書き言葉の厳密な発想で「いつもそうだ」ということを言おうとすると、毎日、しかも朝から晩まで観察しつづけなければなりませんし、かりに7日つづいて同じことが起きても、8日目に違

うことが起きたら、その瞬間に「いつも」は使えなくなってしまうのです。

　厳密な言葉選びをするためには、話し言葉の発想から遠ざかり、一つ一つの言葉にウソがないかどうか、慎重に吟味しなければなりません。本章では三つの観点からこのことについて考えます。

　第1課は「専門用語の考え方」です。語彙を大きく分けると、日常語と専門用語に分かれます。日常語は、人間が生活していくうえで共通して使っている一般的な語、専門用語は、ある特定の分野でのみ使われている特殊な語のことです。専門用語は幅広く、ファッション用語も IT 用語も野球用語も専門用語ですが、本書の目的は論文を書くことです。そこで、第1課では、学術的な専門用語について考えます。

　第2課は「語の定義」です。専門用語の大きな特徴は、正確に定義されているところにあります。専門用語は、専門的な内容を正確に表現するために使われており、その正確さを保証するのが定義です。第2課では、そうした語の定義の方法について考えます。

　第3課は「怖い変換ミス」です。同音異義語が多い日本語では、平仮名を漢字にするとき、変換ミスがしばしば起こります。問題なのは、変換ミスが、読み手に誤解を引き起こしたり、書き手の評価を下げたりすることです。第3課では、語の不正確な使い方に結びつく変換ミスを減らす方法について考えます。

第1課

専門用語の考え方

課題 1

　つぎの文には、専門的な内容のものとして見た場合、不正確な語の使い方があります。その部分を指摘し、正確な専門用語に直してください。

　富士山の高さは 3,776m である。

専門用語と日常語の区別

　論文において専門的な内容を書くときは、専門用語を使わなければなりません。

　専門用語というのは、日常語と別に設定されていることが多く、日常語は日本の固有の言葉である和語（訓読みする語：たとえば「速さ」）で、専門用語は比較的古い時代に中国から渡来した漢語（音読みする語：たとえば「速度」）、あるいは比較的最近欧米などから入ってきた外来語（カタカナ語：たとえば「スピード」）で表されるのがふつうです。

■表5　専門用語の例

日常語	専門用語	
和語 （訓読みする語）	**漢語** （音読みする語）	**外来語** （カタカナ語）
速さ	速度	スピード

英語でも、ラテン語由来の言葉が専門用語に多く取りいれられていますが、日常語もそれに劣らず使われており、漢語・外来語に極端に偏っている日本語はそれとは対照的です（国立国語研究所 1981）。

　もちろん、日本語のなかでも日常語が専門用語になる場合もあります。たとえば、景気循環に用いられる経済学の「波」は、在庫投資に由来する約 40 ヶ月周期のキチンの波、設備投資に由来する約 10 年周期のジュグラーの波、建築需要に由来する約 20 年周期のクズネッツの波、技術革新に由来する約 50 年周期のコンドラチェフの波の四つが知られています。

　「波」は和語の日常語ですが、漢語の日常語が専門用語に変化することもあります。たとえば、「運動」は日常語ではスポーツを指しますが、物理学では物体が動いて位置が変わることを指しますし、社会学・政治学では文化的・政治的な目的を達成する集団活動のことを指します。

　このように、日常語がきちんと定義され、専門用語として使われる場合もありますが、日本語では、多くの場合、日常語とは別に専門用語が設定される傾向があります。

専門用語の調べ方

　専門用語とはどのようなものか、その全体像を示すことはできません。専門用語は分野によって違うからです。また、専門用語は数が非常に多いので、それを示すだけでもまるまる本 1 冊必要になってしまいます。
　では、自分自身の使う専門用語はどのように調べたらよいのでしょうか。第 1 部第 3 章の先行研究についての記述も参考にしながら、以下を読んでください。

　まず参考になるのは教科書です。大学の授業では教科書が指定されており、その教科書を見れば重要な専門用語は載っています。また、教科書がない場合は、かわりに参考文献が示されているのがふつうです。わからないときは、授業担当の先生に直接尋ねるとよいでしょう。

　教科書のつぎに考えられるのが辞書です。辞書と言っても、国語辞典ではなく、専門語辞典（事典）です。国語辞典では、誰が書いたのかわからない記述が数行あるだけですが、専門語辞典は、誰が書いたのかわかるように、その分野の専門家の署名入りで説明が書かれ、その記述はときには1ページを超えることもあります。論文を書くときには国語辞典ではなく専門語辞典を参考にするようにしてください。

　現在では、インターネットの記述を参考にする人も多いかもしれませんが、インターネットの記述の最大の問題は、誰が書いたのかわからず、ウソが多いということです。

　もちろん、大学をはじめとする公的な研究機関の作成した電子書庫（internet archive）などは信頼が置けますが、総体として見れば、インターネットの記述は玉石混交で、玉よりも石が多いという印象は否めません。インターネットの記事は当たりをつけるのに使い、印刷されたもので裏を取るという習慣をつけるようにしてください。

専門用語選択の失敗

　さて、冒頭の課題1「富士山の高さは3,776mである。」に戻って、そのどこに問題があるか、考えてみることにしましょう。

　ここでは、「高さ」を「標高」としなければなりません。現在では標高に吸収され、あまり使われなくなりましたが、「海抜」も正解です。

　なぜ高さがダメで標高や海抜がよいかと言うと、後者のほうが**厳密な言**

■表6　日常語と専門用語の対応例

日常語	専門用語	専門分野
集まり	集合	数学
ふたば	子葉	植物学
空気の汚れ	大気汚染	環境学
嵐	暴風雨	気象学
がん	悪性腫瘍	医学
虫歯	う歯	歯学
食べ物	食品／食物	食物学
値段	価格	経済学
会社	企業	経営学
結婚	婚姻	法学
しくみ	構造	社会学
国	国家／政府	政治学
口出し	干渉	国際関係学
ながめ	景観	地理学
まね	模倣	心理学
話し言葉	談話	言語学

※ここで挙げた日常語と専門用語はかならずしも1対1で対応するわけではありません。たとえば、「会社」が株式会社のような法律上の概念になったり、「談話」が言葉を話すことそれ自体や、複数の文のまとまりという文章に似た意味になったりもします。専門用語を使用するさいは、かならず専門語辞典（事典）などを参照してください。

葉づかいだからです。

　高さというのは相対的なもので、どこからの高さなのかによって変わります。たとえば、1階に立っている人が、2階に移動して立った場合、高さは同じでしょうか。違うでしょうか。高さという言葉にはそうしたあいまいさがあるので、学術的な議論にはなじまないのです。

　標高や海抜の強みは、ある基準（水準点）からの高さを示しているという点です。日本の標高は日本水準原点を基準に測られ、海抜は東京湾の平均海面を基準に測られます。しかし、日本水準原点は、東京湾の平均海面から 24.3900m と定まっていますので、結果として標高と海抜は同じ高さを表しています。

　地理学にとって高さの正確さは重要な問題ですので、標高や海抜という言葉を使って、このように高さを厳密に規定しているわけです。

　論文の言葉の選び方で感じるのは、「高さ」のような一般的な語が気づかれずに残っているという点です。自分のレポートを読んでいて、このような日常語が残っているときは、専門用語に置き換えられないかどうか、かならず検討してください。

練 習 1

　つぎの①と②には、専門的な内容の文として見た場合、不正確な語の使い方があります。その部分を指摘し、正確な専門用語に直してください。

　①仕事時間が 8 時間を超える場合は、1 時間の休憩時間が必要である。
　②一橋大学の生徒数は 2011 年 5 月 1 日現在で 6,450 名である。

第2課　語の定義

課 題 2

「電車」と「列車」の意味の差がわかるように、わかりやすい言葉でそれぞれ定義してください。

定義が必要な語とは

　第1課では専門用語について考えました。専門用語の最大の特徴は、定義が明確で、意味が限定されているということです。

　人間は、身近なもの、興味のあるものには、細かく名づけをするものです。海に囲まれた日本では、海の魚の語彙が豊富です。ワカシ→イナダ→ワラサ→ブリに見られる出世魚の名づけはそのことをよく示しています。

　専門用語も同様です。経済学には、貨幣、通貨、資本、資金、所得、収入、支出、利潤、利益、利子など、お金を意味する語彙が豊富ですし、言語学には、形態素、語、句、節、文、文章、段落、発話、テキストなど、言葉の単位の語彙がそろっています。専門的な内容を、読者に誤りなく伝えるためには、このような語彙を正確に使い分ける力が必要になります。

　もちろん、本書の性格上、一つの専門に絞って、細かい言葉の使い分けを見ていくことは不可能です。ですから、この節では専門用語の定義の考え方について知っていただくことを目的としています。

　まず、定義が必要な語は何かということから考えることにしましょう。定義が必要なのは、書こうとしている論文において柱になる重要語ですが、

重要語すべてに定義が必要なわけではありません。説明をしなくても、書き手と読み手が確実に同じ意味として理解する語であれば、定義の必要はありません。したがって、**定義が必要になるのは、書き手と読み手とで理解がずれてくることが予想される語**です。それには二つ考えられます。

一つは**多義語**です。多義語は、意味が広く、複数の意味を持っている語のことです。たとえば、「動物」という語は、一見多義語には見えませんが、つぎの例を見ると多義語であることがわかります。

① ゾウは動物である。 ⋯⋯▶「動物」は人間を除く哺乳類

② ヒトは動物である。 ⋯⋯▶「動物」は人間を含む哺乳類

③ スズメは動物である。 ⋯⋯▶「動物」は哺乳類だけでなく、鳥類、場合によっては爬虫類、両生類、魚類を含む、植物の対義語になる生物

④ アメーバは動物である。⋯⋯▶「動物」は運動能力のある生物全般

「動物」のような多義語の場合、こうした語でどこまでを指すのか、論文を書くにあたって明確にしておく必要があります。

定義が必要となるもう一つの場合は、**書き手が自分で新しい専門用語を作ったとき**です。自分が研究しようとする対象や現象がこれまで研究されてこなかったものの場合、新たに名づけることが必要になります。

たとえば、私は、「極上の時間をあなたに」「記念日はおしゃれに決めて」のような女性雑誌に典型的に見られる文末で構成される文体を「点描文体」と名づけたことがあります（石黒 2007）。このような、省略をベースにした独特の文体に名前がなく、名づけの必要を感じたからです。

論文における定義の実際

　さて、冒頭の課題2では、電車と列車、それぞれの定義を聞きました。似たような二つの言葉を並べたのは、その区別をすることが専門用語の定義のよいトレーニングになるからです。

　電車と列車、この二つの違いに私が疑問を覚えたのは、中央線の国立駅で電車を待っていたときでした。間もなく到着するものは「電車」、特急など通過するものは「列車」と区別してアナウンスされていたからです。

　電車も列車もレールのうえを走る鉄道であることには変わりません。ただし、意味に若干の違いが見られます。

　電車は文字どおり電気で走りますので、電気を動力とするものが、厳密には電車です。ディーゼル列車はあっても、ディーゼル電車はないのです。

　また、電車は、電車、バス、タクシーのように、手段として扱うことができます。「今日はどうやってきたの？」という質問に「電車で。」が可能で、「列車で。」が言いにくいのはそのためです。

　一方、列車は「列」という文字から連なっているイメージがあり、長い電車に使われる傾向があります。鉄道用語としては1両でも列車と呼ぶことは可能ですが、現実には呼びにくく、とくに都電荒川線のような路面電車を列車と呼ぶことはまずないでしょう。また、連なりのイメージは、先頭で機関車が引っ張っていて、そのあとに車両がつながっている印象を与えます。動力車のない車両が続いている場合、貨物列車にしても、ブルートレインにしても、電車よりも列車がふさわしいでしょう。

　以上をまとめると、「電車とは、線路を走る、電力を動力とする乗り物で、移動の手段として使われる公共交通機関である。」「列車とは、線路を走る、長い編成からなる乗り物で、機関車に牽かれている車両を指すことが多

い。」となります。

　大切なことは、もちろん、「電車」と「列車」の違いではなく、類義語を材料に、**自分の頭で論理的に考えて、意味を定義できるようになること**です。この作業がきちんとできるようになれば、論文での専門用語の定義が苦痛でなくなります。

ちなみに切符とチケットの定義はこんなかんじ

切符
- どこかに入ったり何かに乗ったりするときに使う
- 伝統的なものに使われる「お芝居の切符」
- 乗り物では鉄道が中心「電車の切符」

チケット
- どこかに入ったり何かに乗ったりするときに使う
- 新しいもの西洋的なもの「コンサートのチケット」
- 乗り物では飛行機が中心「国際線のチケット」

練　習　2

　①と②にそれぞれ含まれている二つの言葉の意味の差がわかるように、わかりやすい言葉で定義してください。

　①会社と企業
　②建物とビル（ビルディング）

怖い変換ミス

課 題 3

　つぎの文章には漢字のタイプミス・変換ミスが9箇所あります。それを見つけて修正してください。

　欧米を旅行すると、日本との小さな違いに戸惑うことがある。日本の生活に慣れていると異和感を覚えるが、よく考えてみると、それなりの合理性を備えていることに気づく。

　たとえば、固定式シャワー。欧米のホテルでは、壁の高い市に固定式シャワーが取りつけられていることが多い。ホース式シャワーに慣れていると、ホースではなく自分の身体を動かさねばならず、不便に感じる。

　しかし、欧米では、浴槽のなかが洗い場なので、固定式シャワーのほうが建って洗えて便利である。浴槽のそとに洗い場があり、椅子に座って洗う日本とは、その点で対象的なのである。また、湯船でお湯に漬からないぶん、欧米ではお湯が勢いよく出るシャワーが好まれる。そう考えると、ホース式シャワーが選ばれない理由もよく理解できる。

　それから、レバー式蛇口。欧米では、上げて水を出すタイプのものしか見かけない。欧米のホテルで、水を止めるつもりでレバーを勢いよく上げて悲惨な経験をした人も少なくないだろう。間隔的には不自然なようだが、じつは日本でも、上げて水を出すタイプのものが復旧しつつある。

　きっかけは、1995年の阪神淡路大震災であった。地震の影響でレバーが下がって水が出しっ放しになり、暖水を引き起こす事故が相次いだ。その結果、2000年にJIS（日本工業企画）で欧米式に統一されたのである。

タイプミスの原因

本課では解説はあまり必要ではありません。タイプミスに気をつけましょう。それがすべてで、みなさんも先刻ご承知のはずです。

しかし、この課を外すことはできません。一つの理由は、タイプミスが一向に減る気配を見せないこと、もう一つの理由は、それを目にした読み手が、書き手の専門的知識や能力を疑うおそれがあることです。

たとえば、「連帯修飾」は「連体修飾」の誤りだとすぐにわかります。しかし、体言に連なる、つまり、名詞を修飾するという「連体」の基本的な概念をこの書き手は理解できていないのではないかと疑われてしまうおそれがあるのです。

こうしたタイプミスはどうしたら減らせるのでしょうか。

まず、考えられることは、早めに書きあげ、**少し寝かせてからチェックしなおす**ことです。書いた直後にミスをチェックしようとすると、ミスを見落としがちです。紙のうえだけでなく、頭のなかにも原稿が残っており、紙だけをチェックすることができないからです。数日寝かせて、自分の書いた原稿と距離ができてくると、自分の原稿ではなく、ほかの人の原稿として読めるようになり、冷静に判断ができるようになります。

また、**人に見てもらう**というのも大切なことです。人間、自分には甘くなりがちで、見たくないものは無意識のうちに見ないで済まそうとするものです。専門家に見てもらうことができれば理想的ですが、友人どうしでおたがいに自分の書いたレポートを交換して読みあうというのもよい方法です。他者の目を入れることが、ミスを減らすことにつながります。

さらに、**執筆者自身やパソコンの癖を知る**ことも重要です。

パソコンは、論文執筆作成のさいに欠かせない便利なツールです。パソ

コンのおかげで、「講議」(「義」のかわりに「議」が入ってしまう)や「専問」(「門」のかわりに「問」が入ってしまう)という、手書きにありがちなミスが減らせるのはありがたいことです。しかし、パソコンは、日本語に多く見られる同音異義(「意外」を「以外」としてしまう)や同訓異字(「指す」を「差す」としてしまう)の識別に弱く、日本語変換ソフトの技術はかなり進んだものの、それでもミスは避けられません。

ただ、こうしたミスは、書き手自身のトレーニングによってある程度改善が可能です。出版社の編集者のような技術を身につければよいのです。

冒頭の課題3もそのための練習です。書き手にも日本語変換ソフトにも癖というものがあり、出やすいミスと出にくいミスがあります。ですから、自分のよく使う語彙と、ふだん使っている入力システムにどのような癖があるかを意識しておけば、ミスは最小限に抑えることができるのです。

●タイプミスを減らす三つのポイント

❶ 時間を置いてから読み返す
❷ 他人に読んでもらう
❸ 自分の思考やパソコンの変換機能の癖を知る

変換ミスの実際

冒頭の課題3を確認しましょう。

第1段落の「異和感」は「違和感」が正解です。「異和感」という語はありません。第2段落の「市」は「位置」です。すぐに気づくでしょう。

第3段落の「建って」は「立って」、「対象的」は「対照的」、「漬からない」は「浸からない」です。とくに、「たいしょう」は、行為が向けられる「対

象」、相違が際だつ「対照」、図形の左右「対称」は似ていますので、注意が必要です。「建つ」は建物に使う言葉、「漬かる」は漬け物に使う言葉であることは言うまでもないでしょう。

第4段落の「間隔的」は「感覚的」、「復旧」は「普及」です。「復旧」のように余計に一つ子音が入って促音になり、その結果、変換ミスにつながるといったことはしばしば起こります。

最終第5段落の「暖水」は「断水」、「日本工業企画」は「日本工業規格」です。JIS は「企画」ではなく「規格」、すなわちスタンダードでなければ意味を持ちません。

このように、読み手の立場に立って校正の訓練を重ねることで、自分の書いた論文でもミスを速やかに発見できる目を養ってください。

練 習 3

つぎの各文には、漢字の変換ミスがそれぞれ1箇所あります。それを見つけて修正してください。

①一方、女子の「が」の用法は久野暲氏の分類によると3つある。
②日本語の受身には大きく分けて「直接受身」と「関節受身」がある。
③「たり」は鎌倉時代に、終止形が連体形にとって代わられ、「たる」の「る」が脱落して「た」となって源氏に至る。

正確な表記

第11章の構成

　第10章では「正確な言葉選び」について考えました。第11章で考えるのは「正確な表記」です。表記というのは、文字と記号のことです。

　言葉の選択を人選びと考えると、表記の選択は服選びのようなものです。根本的に重要なのは人選びですが、服選びも侮(あなど)れません。その場の状況に合わない服選びは、読んでいる人に違和感を与えるからです。

　近所のスーパーに買い物にいくのにタキシードに蝶ネクタイをしていく人はいないでしょうし、結婚式に出席するときにジャージの上下という人もいないでしょう。カジュアルな場にはカジュアルな服を、フォーマルな場にはフォーマルな服を着ていかないと、周囲の人に誤解を与えかねません。

　論文は言うまでもなくフォーマルな場であり、厳しいドレスコードがあります。サンダル履きにジーンズだと、入店お断りと言われてしまうおそれのある高級レストランと考えてよいでしょう。

　そこでは、「ケータイ」ではなく「携帯」が選ばれ、文末の「？」や「！」は原則として使えません。ふだんカジュアルな感覚でメールを送りあうときに使っているような表記ではまったく通用しないのです。

　論文で表記の基本となるのは、漢字と平仮名の書き分け、読点の打ち方、記号の使い方の三つです。

第4課「漢字と仮名の書き分け」では、どの言葉を漢字にして、どの言葉を平仮名にするかを考えます。漢字は、表意文字（専門的には表語文字と言います）なので、使うと意味が限定されます。意味が限定できれば、語の意味をより正確に反映できる反面、意味を限定することでかえって誤解を招くこともあります。また、書き分けの基準が不明確だと表記の不統一を招きがちです。

第4課では、そうした混乱を招かないよう、漢字と平仮名の書き分けの基準を考えます。

第5課「読点の打ち方」では、文の構造を正確に読み手に伝えるのに、欠かすことのできないツールである読点について考えます。読点一つで文が別の意味になったり、文意があいまいになったりしますので、小さい点とはいえ、軽視することはできません。

第6課「記号の使い方」では、カギカッコを中心に考えます。カギカッコは、引用のときに用いられ、原文をそのまま引用していることを表すもので、論文のタイトルなどを示すときや、ある表現に特殊な意味を加えるときにも使われます。

しかし、最近の傾向として、カギカッコの多用しすぎで読みにくく、かつ文意を誤解させるような使用が横行しています。カギカッコを控えることもまた、論文の大切な作法の一つになっています。

この第11章では、文意を誤りなく伝えるのに欠かせない、文字や記号の正確な使い方について学びます。

漢字と仮名の書き分け

課 題 4

つぎの文章で、表記の統一が取れていない箇所が三つあります。その箇所を指摘してください。

特定商取引法では、訪問販売や通信販売など、業者と消費者とのあいだでトラブルになりやすい取引を特定商取引と規定し、監督官庁である消費者庁に、不当な勧誘・取り引きをおこなった業者を取り締まれるよう、権限を与えている。また、不適切な契約の解除が速やかに行えるよう、クーリングオフなどの規程も設けている。

語種による書き分け

漢字表記の都合上、変換ミスと並んで多いのが、**表記の不統一**です。

日本語の表記は基本的に本人の裁量に任されていますので、その改善には、表記にたいする自分なりの基準を持つことが必要です。

たとえば、音読みは漢字、訓読みは平仮名と決め、訓読みに漢字を使わない人がいます。これも筋の通った一つの基準です（野村 2008）。

音読みをするのは、中国から渡来した漢語、訓読みをするのは、古来日本で使われてきた和語です。同音異義語の多い漢語は文字として、日常的に使われる和語は音として理解しやすい語です。ですから、音読みは漢字、訓読みは平仮名という書き分けは理にかなっているわけです。

また、訓読みを平仮名にすることで、同訓異字や送り仮名の問題も避け

られます。目薬を「さす」と平仮名にすれば、「差す」「注す」「点す」いずれにするかで迷わずに済みますし、「明るい」と書くとき、「明い」「明るい」「明かるい」のどれにするか、心配することもありません。

しかし、漢語は漢字、和語は平仮名という語種による書き分けに問題がないわけではありません。名詞や動詞などが和語の場合、平仮名が増えすぎて「漢字＋平仮名」という単位で成り立っている文節が認識しにくくなる。つまり、読みにくくなるのが大きな問題です。

機能による書き分け

私自身は、名詞・動詞・形容詞など、単独で実質的な意味を持つ**実質語は漢字**、助詞・助動詞など、単独では実質的な意味を持たず、もっぱら文法的な機能を果たす**機能語は平仮名**という基準で使い分けています。接続詞や副詞は機能語として考え、原則平仮名です。

この表記の利点は、速読に向くということです。漢字と平仮名は明らかに字体が異なり、読者の意識は漢字に向きやすいものです。そこで、実質語を漢字表記にしておけば、重要な情報を確実に拾ってもらえるので、都合がよいのです。以下の例では、平仮名「みた」だと、試みにするという補助動詞の「してみる」だとすぐわかりますし、漢字「見た」だと、実際に目にするという動詞の「見る」だと見分けがついて便利です。

> 会場に足を運んでみた。間近で見た阿修羅像は予想より大きかった。
> 会場に足を運んで見た阿修羅像は予想より大きかった。

しかし、この表記にも問題があります。それは、実質語と機能語の線引きが難しいという点です。

たとえば、「雨が降りだす」の「だす」は、「出」の意味は失われ、始めるという意味になっているから平仮名にするが、「お金を引き出す」の「だ

す」は、「出す」の意味はまだ残っているので「出す」とする。そうした理屈は成り立つのですが、補助動詞なのか、複合動詞の後半なのかということを毎回考えるのも面倒なものです。

書き分けのバランス

　第三の基準として常用漢字表があります。常用漢字表は、義務教育で学習する漢字の一覧表で、論文で振り仮名なしで書けるものです。1946年の当用漢字表1,850字、1981年には常用漢字表1,945字を経て、2010年に2,136字の改定常用漢字表が示されています。

■表7　表記の統一表　サンプル

> 「行う」ではなく「おこなう」に統一する、という意味

	A	I	U	E	O
あ	（例を）挙げる　表す	あげる〔×〕	打ちだす　生みだす　（〜の）うえで	打ち出す〔×〕　生み出す〔×〕　上で〔×〕	おこなう
か		気付き〔×〕　気づき	ください　下さい〔×〕		言葉づかい　言葉遣い〔×〕
さ	さまざま　（〜する）さい	仕方	使いわけ〔×〕		取り引き〔×〕
た		使い分け			取引

注記（手書き）：
- 「現す」との使い分けはするが、平仮名の「あらわす」は使わないという意味（→表す）
- 平仮名を使う（た行 A）
- 漢字を使う（→仕方）

※もちろん、「おこなう」を「行う」と表記しても間違いではないが、一つの論文内で「おこなう」と「行う」が混在しているのはかっこうが悪い。このような表を作っておけば、表記のゆれを減らすことができる。

現実には、和語か漢語か、実質語か機能語か、常用漢字表にあるかどうか、この三つのバランスを取りながら漢字と平仮名は書き分けられます。しかし、このバランスの取り方が難しく、表記の不統一を生みだす原因になっています。そこで、お勧めしたいのが、自分がいつも揺れてしまう表記のリストをあらかじめ作ることです。

　前ページの表7は、日本実業出版社で実際に使われているものです。左上部から横にあいうえお順に、漢字を使うか平仮名を使うか迷いそうな単語を書きこみます。こうした表をベースに、パソコンの検索・置換機能を活用すれば、表記の不統一は確実に減らせます。

　冒頭の課題4は、「取引」と「取り引き」という送り仮名、「規定」と「規程」という同音異義語、「おこなう」と「行う」という漢字と平仮名の選択の問題でした。ただ、「おこなう」は、「行った」と書くと、「いった」とも読めるので、あえて避けて平仮名にしたとも考えられます。

練　習　**4**

　つぎの文章で、表記の統一が取れていない箇所が四つあります。その箇所を指摘してください。

　マーケティング戦略は、商品の販売を促進し、ブランド力を高める為に企業が打ち出す戦略のことである。そのためには、いかに顧客のニーズに合った商品を設計し、顧客がその情報を的確に収集できるようにするかがカギとなる。最近では、顧客はインターネットを使って商品情報を主体的に蒐集するため、顧客を如何に自社のウェブサイトに誘導して商品情報を効果的に提供し、競合他社との差別化を図るかという戦略を打ちだすのに、企業は工夫を凝らしている。

第5課　**読点の打ち方**

課 題 5

　つぎの2文のうち、まえの文の適当な箇所に読点を一つ打ち、文の意味が正しく伝わるようにしてください。

　教皇クレメンス7世は妃であったキャサリン・オブ・アラゴンと離婚するために婚姻の無効を宣言するように願いでたヘンリー8世の依頼を却下した。これが、英国国教会成立のきっかけとなっている。

読点を打つ基準

　前課と同様、この課で扱う読点「、」も使い分けの基準が複雑です。意味の切れめ、文の構造、文の長さ、表記、リズムなどさまざまな要因が絡みます。しかし、論文を書く場合、文の意味を正確に伝えることが基本ですので、まず文の構造を意識して打つことが大切です。

　読点の働きは、単純に言うと、**文の内部に隙間を作ること**です。隙間ができると、その直前とその直後の修飾・被修飾の関係を切る効果と、そのまえとあととをそれぞれまとまって見せる効果が生まれます（本多1982）。
　「子どもは腹ばいになって寝ていた人の顔に落書きをした。」は、構造上二つの意味に解釈できる文です。これに、読点を打ってみましょう。

> 子どもは、腹ばいになって寝ていた人の顔に落書きをした。
> 子どもは腹ばいになって、寝ていた人の顔に落書きをした。

前者は「子どもは」と「腹ばいになって」の関係を切ることで、腹ばいになっているのが寝ていた人であることを示し、後者は「子どもは腹ばいになって」と「寝ていた人の顔に落書きをした」をそれぞれまとめることで、腹ばいになっているのが子どもであることを示しています。

修飾・被修飾の関係が切れる効果

> アメリカのバーモント州に伝わるりんごとハチミツの健康法を応用した、まろやかでコクのあるカレーです。

これは、ハウスの「バーモントカレー」のパッケージに書かれていた文で、私は読点の打ち方に感心しました。この文に読点を打つ場合、二箇所に打つ可能性があります。「伝わる」のあと、「応用した」のあとです。

もし、「伝わる」のあとに読点があったらどうでしょう。たしかに、直後の「りんごとハチミツ」にかかっていないことは示せますが、「りんごとハチミツの健康法」さえ飛び越えて「カレー」にかかっていく危険性があります。誤解の危険性がより高いのは「カレー」です。「りんごとハチミツの健康法」はひとまとまりで認識しやすいからです。ですから、ここでは読点が打たれていないのです。

一方、「応用した」のあとの読点は「まろやかでコクのある」を飛び越えて「カレー」にかかることを示します。この読点は微妙で、なくても十分読める感じもします。しかし、ここであえて読点が打たれている理由は、「応用したまろやかで」と続くと平仮名が続いて読みにくいことにくわえ、さきほど指摘した「アメリカのバーモント州に伝わる」「カレー」という結びつきを避ける意味合いがあると考えられます。ここに読点があれば、そうした誤読の可能性は完全に避けられるのです。

それぞれまとまって見える効果

今度は、それぞれまとまって見える効果の例を見てみましょう。

貧困を政策の面から検討すると衣食住にも事欠くという絶対的貧困の状況があれば、状況を改善する対策が実行に移されることが多いがほかの人と比較して貧しいという相対的貧困の場合毎日の生活に困るほどではないため、深刻な格差があっても、看過されやすい。

この文は、どこか読みにくい気がしませんか。それは、この文の読点のバランスが悪いからです。

この文の「幹」、すなわち文の骨格は「貧困を政策の面から検討すると」「〜実行に移されることが多いが」「〜看過されやすい。」です。「幹」から出ている「枝」は「絶対的貧困の状況があれば」と「相対的貧困の場合」です。「枝」についている「葉」は「生活に困るほどではないため」と「深刻な格差があっても」です。上記の文は、「幹」の2箇所、「枝」の1箇所に読点がなく、「枝」の1箇所、「葉」の2箇所に読点があるので、バランスが悪く感じられるのです。すべてに読点を打つと、格段に読みやすくなります。

貧困を政策の面から検討すると、衣食住にも事欠くという絶対的貧困の状況があれば、状況を改善する対策が実行に移されることが多いが、ほかの人と比較して貧しいという相対的貧困の場合、毎日の生活に困るほどではないため、深刻な格差があっても、看過されやすい。

文の細かい構造に気を取られてそこに読点を打つ一方、文全体の骨格に読点が打たれていないと、読みにくくなります。**下位の構造に読点を打ったら、上位の構造にもかならず打つように心がけてください。**

さて、冒頭の課題5ですが、正解は、「教皇クレメンス7世は、妃であったキャサリン・オブ・アラゴンと離婚するために婚姻の無効を宣言するように願いでたヘンリー8世の依頼を却下した。」です。

　修飾・被修飾の関係が切れる効果を利用し、「教皇クレメンス7世は」の直後に読点を打つことで、「妃であった」にかからず、文末の「依頼を却下した」にかかるようにします。その結果、「妃であった〜ヘンリー8世」の部分がまとまって見えてきます。うっかり「離婚するために」のあとに読点を打つと、生涯独身であるはずの教皇に妃がいることになってしまいます。

練　習　5

　つぎの文の適当な箇所に読点を一つ打ち、文の意味が正しく伝わるようにしてください。

　新日鉄の釜石製鉄所は1901年に操業を開始し第二次世界大戦前には国内の半分以上の鉄鋼を生産していた八幡製鐵所よりもはるかに早く1886年に創業した日本最古の製鉄所である。

第6課　記号の使い方

課　題　6

つぎの文章のなかで、なくても問題のない「　」をはずしてください。

　　住宅には建てられてから壊されるまでの「寿命」がある。日本の住宅の「平均寿命」は、木造は 30 年、鉄筋コンクリートは 50 年と言われることが多い。しかし、欧米の建物は「100 年」以上使われているケースも珍しくない。日本の建物の寿命が短いのは、「建てたときの建材の質が低いこと」「建てたあとのメンテナンスが不十分であること」による。その 2 点を改善すべく、国土交通省は、2006 年の「住生活基本法」に基づく「200 年住宅」に向けた「住宅の長寿命化」のための支援事業に取り組んでいる。

5 種類の記号

　　日本語の多様な記号について、ここでは 5 種類に分けて考えます。

■表 8　日本語でよく使われる 5 種類の記号

①区切る機能を持つもの	句点　。　　読点　、　ピリオド　． カンマ　，　中点　・　スラッシュ　／
②囲む機能を持つもの	かぎ「　」　二重かぎ『　』 丸かっこ（　）　中かっこ｛　｝
③つなぐ機能を持つもの	ダッシュ　—　イコール　＝ リーダー　…　コロン　：
④並べる機能を持つもの	中点　・　アステリスク　＊　米印　※ 丸数字　①　かっこ数字　(1)　ローマ数字　Ⅳ　iv
⑤音調の機能を持つもの	疑問符　？　感嘆符　！ リーダー　……　ダッシュ　——

①「**区切る機能を持つもの**」の読点は第5課で検討しましたし、句点も問題ないでしょう。中点「・」とスラッシュ「／」にのみ言及します。

中点は、「適度の食事・運動」のように、語と語を並列するのが原則です。つぎの例のように句と句の並列に用いると、「食生活の改善、適度の運動」を一瞬「改善・適度」というまとまりで読んでしまう誤読のおそれがあります。

生活習慣病の予防には、食生活の改善・適度の運動が欠かせない。

スラッシュは、複数の候補があり、そのいずれを選んでもよいことを示します。「彼／彼女」なら、「彼」でも「彼女」でもよいわけです。

②「**囲む機能を持つもの**」は次ページで説明します。

③「**つなぐ機能を持つもの**」のうち、ダッシュ「―」は論文の副題を示すのに使われることが多く、そのほか「〜」と同じように年代を表したり、短い要素どうしの対応関係を表したりします。イコール「＝」は言うまでもなく、二つの要素が同値であることを示します。リーダー「…」は、「など」や「後略」の意味で使われることが多く、ある要素について説明を加えるときにも使います。コロン「：」は用語の定義に使われることが多く、石黒（2011:151）のように、発行年とページ数を区切るのにも使われたりします。

④「**並べる機能を持つもの**」は数字の上位・下位関係が問題です。かっこ数字が上位、丸数字が下位、また、ローマ数字の大文字が上位、ローマ数字の小文字が下位です。なお、丸数字は通常⑳までしかなく、それ以上は機種に依存する度合いが強くなりますので、ファイルの印刷や電子メールの添付のさいには、文字化けに気をつけてください。

⑤「**音調の機能を持つもの**」は原則として論文では使いません。「？」や「！」を使う習慣がある人は注意が必要です。

かっこの使いすぎに注意

②「囲む機能を持つもの」であるかっこの説明だけがまだ残っています。かぎ「　」と丸かっこ（　）を例にくわしく見ていきましょう。

　かぎ「　」は、小説では登場人物の発話を表しますが、論文ではほかの著作物からの引用を示します。ほかの著作物の文章の一部をそのまま引用した場合はかならず「　」で囲ってください。反対に、要約するなど、手を加えた場合は「　」をつけてはいけません。参考文献での論文名を示すときにも「　」で囲みます。論文ではなく本の場合は『　』を使います。ちなみに英語の本の場合はイタリック体（斜字体）にします。

　最近、私が気になるのは、言葉を強調するためだけに使われる「　」です。しかし、それは、シンプルな表現で読者を説得する論文の原則に反します。下記の場合以外、できるだけ減らすように心がけてください。

■表9　引用以外で「　」を使ってよい場合

ケース	例
いわゆる（書き手は本来使わない）という意味を込める	「国語」（書き手はふだんは「国語」のかわりに「日本語」を使っている）
意味を限定したり、特殊な意味を加えたりする	「言葉」（「言語」や「表現」といった意味でなく「語」という意味で使う）
読み手にとってなじみがない語を導入する	「文話」（文章と談話を合わせた造語）
内容ではなく表現の形式を取りあげる	「動詞」は名詞である（「食べる」「食事する」などの動詞ではなく、「動詞」という語自体を問題にする）

　（　）もまた、論文では避けるべきものです。論文には注という便利なものがあり、（　）を使って補足的に説明したい内容は注に書くことが可能です。「国際連合（以下 UN と略記）」「1900 年（明治 33 年）」のような短い説明以外は注に落とすことを原則にするとよいでしょう。

　最後に、冒頭の課題 6 を見ておきます。
　まず、確実に要らないと判断できるのは、強調の「　」です。「100 年」や「建てたときの建材の質が低いこと」「建てたあとのメンテナンスが不十分であること」は不要です。
　また、「寿命」「平均寿命」も取っても問題ないでしょう。ただ、人間に使うものを比喩的に住宅に用いた点、「寿命」とは言っても、天寿ではなく人間の判断で取り壊される点を加味して「　」を残すことも可能です。
　若干取りにくいのは「住生活基本法」「200 年住宅」「住宅の長寿命化」です。いずれも、国土交通省の発言や文献からの引用と考えられるからです。しかし、さほど特殊な用語ではないので、取り去ることも可能です。

練習 6

　つぎの文章の適当な箇所に、「　」『　』をつけてください。

　狭き門より入れというのは聖書（文語訳）マタイ伝 7 章 13 節に出てくる聖句である。アンドレ・ジッドの小説、狭き門のタイトルとして有名になった。聖書の意味は、神の国に至る門をくぐることは難しいという意味だが、現代の日本では、難関校の受験など、競争率の高い試験に合格するのは難しいという意味でよく使われている。

論文専用の表現

第 12 章の構成

　第 12 章で考えるのは「論文専用の表現」です。

　文科系・理科系、どの分野にもそれぞれ専門用語がありますが、この章で扱うのは、そうした分野別の専門用語ではなく、分野に共通して出てくる論文の専門用語です。

　論文は、どの分野であっても、それぞれの分野の研究成果の紹介という目的のために書かれているという点では同じです。そのため、分野にかかわらず、似たような表現が選ばれるのです。

　本章では、そうした観点から三つの表現に目をつけました。一つめは動詞、二つめは文末表現、三つめはオトナ語です。

　第 7 課「論文を構成する動詞」は、論文の骨格を支える動詞を扱います。論文を構成する各章あるいは各節は、全体の構成との関係でそれぞれの役割が決まっています。

　たとえば、冒頭に位置する「はじめに」「序論」「本研究の目的」などと名づけられる章あるいは節は、「～について｛述べる／論じる／明らかにする｝ことを目的とする。」という宣言がおこなわれます。すると、そこで使われる動詞はおのずと決まってくるわけです。第 7 課では各章あるいは各節の中心的な役割を果たす動詞について考えます。

112

第8課「論文の文末表現」は、主張をはじめとする書き手の考えを表す文の文末につく、論文らしさを感じさせる表現について扱います。論文には「らしい」「ようだ」よりも「と思われる」「と言える」のような表現が好まれます。自分の主張を論理的に、かつ責任を持って示せる形式を使わないと、読み手に悪い印象を与えてしまうおそれがあるからです。また、「〜なければならない」という表現も、論文では、仕方がないからやるしかないという義務感ではなく、そうしなければ理屈に合わないという論理的必然感を表します。

　このように、論文では、書き手の考えを論理的に表現する文末表現を使い分けなければ、書き手の言いたいことを適切に伝えることができません。第8課ではこうした文末表現について考えます。

　第9課「論文のオトナ語」は、論文特有の慣用表現について扱います。オトナ語というのは、糸井重里氏の用語で（糸井 2005）、社会人になったビジネスパーソンが、仕事上の会話のなかで自然に使っている慣用句を指します。ただし、本章で扱うのは、論文のオトナ語で、論文を書き慣れた研究者が、自分自身の論文のなかで、それとは知らずについ使っている言葉です。

　社会人になればビジネスのオトナ語を知らないと仕事に差しつかえるように、大学生の場合は学術的なオトナ語を知らないと、論文を書くことができません。第9課では、そうした論文のオトナ語のなかでよく使われるものを紹介します。

第7課 # 論 文 を 構 成 す る 動 詞

課 題 7

　つぎの文章のなかで、下線が引かれた二つの語を、この文脈に合う適切な語に変えてください。

　本研究は、「あるいは」「したがって」「たとえば」「一方」という四つの接続詞が、先行文脈と後続文脈をどのくらい広く結びつけているか、その文脈の範囲（機能領域）を、大規模な言語資料であるコーパスを用いて<u>測量した</u>ものである。その結果、全体としては、「あるいは」は先行文脈と後続文脈いずれも狭い機能領域を、「したがって」は先行文脈が広く後続文脈が狭い機能領域を、「たとえば」は先行文脈が狭く後続文脈が広い機能領域を、「一方」は先行文脈と後続文脈いずれも広い機能領域を、それぞれ有することが<u>判明した</u>。

論文の構成と動詞

　論文の専門用語のなかで使い分けがとくに難しいのは、思考・伝達に関わる動詞です。慣れていないと、「言った」と「思った」ばかりになってしまいます。この課では、**論文の骨格を構成する重要な思考・伝達動詞**を挙げ、その使い分けについて検討します。

　論文の構成は、第1部第1章で紹介したように、まず「目的」を述べ、先行研究を「引用」し、資料と方法に基づいて「調査」をして分析した「結果」を紹介し、結果の背後にあるメカニズムを「考察」し、最後に「結論」を述

べて終わるという流れを取ります。

　そこで、①目的　②引用　③調査　④結果　⑤考察　⑥結論　の六つに
分け、思考・伝達動詞を考えてみましょう。

論文における六種の重要動詞

　①「**目的**」では、何を明らかにすることを目的とした研究かを宣言します。
扱うテーマ自体について述べる場合、「述べる」「論じる」「扱う」「議論
する」を使います。もう一歩踏みこんで、テーマの内容まで述べる場合、
事実や経験の場合は「報告する」「紹介する」、実態や原理の場合は「明ら
かにする」「示す」、命題や判断の場合は「主張する」「提案する」などを使
います。

- 携帯サイトでの中学生のいじめについて議論する。（扱うテーマ自
  体について）
- 携帯サイトでの中学生のいじめの事例を報告する。（事実や経験に
  ついて）
- 携帯サイトでの中学生のいじめの深刻な実情を明らかにする。（実
  態や原理について）
- 携帯サイトでの中学生のいじめが不登校や自殺に結びつくことを主
  張する。（命題や判断について）

---

　②「**引用**」では、すでに先行研究で述べられている内容を紹介します。
「引用」の場合、「目的」でよく使われる動詞を、「する」形から「している」
形に変えるとうまくいきます。先行研究で「議論している」「報告してい
る」「明らかにしている」「主張している」のようにするのです。

　それ以外では、誰かがすでに言ったことを紹介する「指摘している」「言
及している」「触れている」などもよく使われます。

論文の書き手自身を主語にして先行研究を示す場合、「引用する」「紹介する」「挙げる」などを使い、読み手を主語にする場合は「参照」などを使います。とくに、注で、読み手により詳細な情報を提供する場合、「を参照（のこと）」のように示します。

　③「調査」では、論文の研究結果を出すために書き手がおこなった作業を紹介します。ここでは、思考・伝達動詞ではなく、行為の動詞が現れます。

　「調べた」「調査した」は意味が広く便利な言葉です。また、調査結果を「分析した」「検討した」もよく使われます。

　それ以外は、作業の内容によって、実験系であれば「実験した」「測定した」などが、観察系であれば「観察した」「記録した」などが、資料系であれば「収集した」「使用した」などが用いられます。

- 糖尿病を発症したラットにA薬を投与し、一定期間後に血糖値を<u>測定した</u>。（実験系）
- 児童養護施設に1週間泊まりこみ、その生活を<u>記録した</u>。（観察系）
- 大学生10組の会話に出現した「超」を128例<u>収集した</u>。（資料系）

　なお、冒頭の課題7では、屋外に出て長さを測ったわけではありませんので、「測量した」ではなく、「調べた」「測った」、あるいは「調査した」「測定した」がよいでしょう。

　④「結果」では、調査の結果わかった内容を述べます。「わかった」「明らかになった」が代表的です。冒頭の課題7の下線部「判明した」も、このいずれかがよいでしょう。現象であれば「見られた」「現れた」なども使われます。

⑤「考察」では、結果の背後にある目に見えないメカニズムを想定します。そこで使われるのが、一般に論文でよく見られるとされる「思われる」「考えられる」「見られる」「言える」という自発・可能の思考・伝達動詞です。

> 以上の考察から、日本人の場合、危機感に起因する不安は学習への意欲を高める反面、過剰の不安は挫折を招く傾向が強いように<u>思われる</u>。

⑥「結論」は、「目的」では「する」という形で、「引用」では「している」という形で使われた動詞を「した」という形にすればまとまります。「述べた」「論じた」「扱った」「議論した」「報告した」「紹介した」「明らかにした」「示した」「主張した」「提案した」のようになります。

■表10　論文の重要動詞一覧

論文の構成	主な動詞
①目的（スル形）	述べる、論じる、扱う、議論する、報告する、紹介する、明らかにする、示す、主張する、提案する
②引用（シテイル形）	①「目的」動詞のシテイル形、指摘する、言及する、触れる、引用する、挙げる、取り上げる、参照する
③調査（シタ形）	調べる、調査する、分析する、検討する、実験する、測定する、観察する、記録する、収集する、使用する
④結果（シタ形）	わかる、明らかになる、見られる、現れる
⑤考察（スル形）	思われる、考えられる、見られる、言える
⑥結論（シタ形）	①「目的」動詞のシタ形

こうして見ると、論文の本筋は、⑤「考察」を必要としない研究の場合、「述べる」「調べる」「わかる」という三つの動詞で書くことも可能です。

　研究の①「目的」で「〜について述べる。」と宣言し、②「引用」で「○○は〜について述べている。」、③「調査」で「〜という方法で調べた。」とそれぞれ紹介し、④「結果」で「〜がわかった。」と述べ、⑥「結論」のところで「〜と述べた。」とまとめるという具合です。

　もちろん、現実の論文にはさまざまなバリエーションがありますが、基本となる骨組みを構成する動詞はきわめて単純です。むしろ、重要なのは「する」「した」「している」という動詞の時制の適切な組み合わせである点に注目してください。

練　習　7

　つぎの文章のなかで、下線が引かれた三つの語を、この文脈に合う適切な語に変えてください。

　本研究では、日本人学部学生 341 名を対象に、話し言葉と書き言葉の混ざった文章から、話し言葉的な表現を抜きだして修正させるという<u>分析</u>をおこなった。その結果、学生は、話し言葉でしか使われない表現は指摘できるものの、その表現を比較的話し言葉に近い書き言葉に直し、書き言葉特有の硬い表現に直しきれていないケースが多いことが<u>はっきりした</u>。フォローアップ・インタビューの結果も合わせると、その背後には、携帯など、話すように書くメディアの影響があり、硬すぎる表現への違和感や忌避感があると<u>感じられる</u>。

第8課　論文の文末表現

課 題 8

つぎの文章で、「らしい」をより適切な表現に直してください。

　2000年代は、パソコンのe-mailやチャットにくわえ、携帯メールやSkype、Facebookなどが急速に普及し、個人間の遠隔電子コミュニケーションの基盤が確立した時代である<u>らしい</u>。

推量の文末表現

　論文を構成する重要な動詞については第7課で見ました。しかし、論文の文末の難しさは動詞だけにあるのではありません。

　たとえば、「検討する」という動詞は、実際には、「検討してみたい」「検討する必要がある」「検討すべきなのではないか」など、複雑な文末表現を伴って使われることが少なくありません。

　こうした表現は事実を表す文ではなく、主張をはじめとする**書き手の判断を表す文**につきます。事実は文末表現を何もつけず、断定すればよいのですが、書き手の判断を表す文は、その内容によって、多様な表し方があり、それに応じた多様な文末表現が必要になるからです。論文でよく使われる文末表現にはどのようなものがあるのでしょうか。

　一方で、「検討するらしい」「検討したはずだ」「検討しているそうだ」などはほとんど使われません。論文で使いにくい文末表現は、なぜ使うことが避けられるのでしょうか。この課ではそうした文末表現に関わる問題

を考えます。

　まず、推量の文末表現から考えてみましょう。話し言葉で使われる以下の言葉は、論文では一般に避けられる傾向にあります。

■表11　論文では避けたい推量の文末表現

文末表現の例	表現の問題性
雨が降るらしい。	外部情報にもとづく推測 ↓ **書き手の責任逃れ**
雨が降るようだ。	
雨が降るみたいだ。	
雨が降りそうだ。	
雨が降るだろう。	漠然とした推量 ↓ **書き手の憶測**
雨が降るかもしれない。	
雨が降るはずだ。	強い確信 ↓ **書き手の思い込み**
雨が降るにちがいない。	
雨が降るそうだ。	他者からの伝聞 ↓ **情報の匿名性**
雨が降るという。	

※ただし、「だろう／であろう」「かもしれない」「ようだ／ようである」などは、実際の論文でしばしば使われる。

　「降るらしい」「降るようだ」「降るみたいだ」「降りそうだ」というのは、いずれも話し手が外部情報にもとづいて推測していることを表しています。何らかの根拠にもとづいて推測すること自体は、論文の精神にかなっているのですが、こうした表現が論文で避けられるのは、「らしい」「ようだ」「みたいだ」「そうだ」には書き手が外部情報に依存した結果、自分の判断には責任を持たない、いわば**責任逃れ**のようなニュアンスが出るからです。

　冒頭の課題8の「個人間の遠隔電子コミュニケーションの基盤が確立し

た時代であるらしい」の「らしい」も、書き手の主観的な見込みを示されているような印象があり、落ち着きません。そう考えられる根拠を示したうえで、断定するか、「らしい」のかわりに「と思われる」「と言える」とするのがよいでしょう。

一方、「降るだろう」「降るかもしれない」は**書き手の憶測**を表しています。のちほど述べるように、こうした文末表現は、実際の論文に現れますが、論文で使うにはやや厳密さを欠く印象もあります。

「降るはずだ」「降るにちがいない」は確信の度合いの強い判断ですが、「はずだ」というのは、**書き手の思い込み**に由来するものですし、「にちがいない」というのも書き手の思い込みから、未来の出来事を確実に起こると予言しているようです。

こうした書き手の主観が入る表現は、論文ではほとんど使われません。

「降るそうだ」「降るという」は伝聞を表す表現で、書き手の主観は入っていません。しかし、こうした伝聞を表す表現の問題点は、誰が言ったかが明確にされない**情報の匿名性**にあります。もちろん、「〜によれば」のような情報源を示す表現を冒頭につけることで使うことは可能ですが、オリジナリティが重視される論文ではこうした伝聞の表現より、前課で見たような、誰が発言者かわかる「述べている」「論じている」といった伝達表現を使った表現のほうが好まれます。

上記の文末表現のなかでも、ものによっては使われることもあります。とくに、「だろう」は「であろう」の形で比較的よく使われますし、「かもしれない」や「ようだ」の「である」形の「ようである」もときどき見られます。それらについて補足することにしましょう。

「であろう」は、断言はできないが、そうした判断を下しても差しつかえないというときに使います。

> 喫煙広告がただちに喫煙に結びつくかどうかはともかく、未成年者の喫煙行動に何らかの影響を及ぼしていることは確か<u>であろう</u>。

「かもしれない」は、可能性は高くはないが、可能性自体は否定できないときに用います。

> 個体数は減少の一途をたどっているが、現段階で適切に対処すれば絶滅の危機は免れる<u>かもしれない</u>。

「ようである」は、確証はないが、状況証拠から考えて、それが事実だと認めて差しつかえないというときに使います。

> 熟練者は初心者にくらべて多くのことを簡単かつ迅速に処理できる<u>ようである</u>。

だからといって、「であろう」「かもしれない」「ようである」を多用してよいかというと、そうではありません。論文は、「であろう」「かもしれない」「ようである」のような推量をできるだけ減らし、「である」と言いきれる確実な知見を増やすために書かれるものだからです。たくさん使ってしまうと、憶測の積み重ねからなる論文であるかのように誤解されかねません。

もちろん、研究という営みが、「目に見える現象の背後にある目に見えないメカニズムを探る」ものである以上、データからの推論を示す表現が必要です。そうした場合には、前課で見た「思われる」「考えられる」「見られる」「言える」を選ぶのがよいでしょう。思考・伝達動詞の自発・可能形は、論理的に考えてそう解釈するのが自然であることを示すのに適した表現だからです。

一方、「思う」「考える」「見る」「言う」という基本形はあまり使われません。これは、主語に「私は」が想定できるからです。「私は〜と思う。」と言うことは「ほかの人は〜とは思わない。」と言うことを含意します。つまり、私の意見になってしまうわけです。

　研究は、あくまで私という主体が、私のオリジナリティに基づいて論を立てるものです。その意味で私の存在は重要です。しかし、研究は同時に客観性を重視します。客観性は、**誰がやっても同じ結果になる**ことで満たされます。

　ですから、私がやったらうまくいくけれども、ほかの人がやったらうまくいかないのではダメなのです。その結果、研究は、私の独自性を出しながら、同時に私の存在を消すという矛盾することをしなければなりません。

　その意味で、「思われる」は便利な表現です。「私は〜と思う。」ではなく、「私には〜と思われる。」とすることで、その矛盾する条件を満たしているからです。

　ただ、「思われる」「考えられる」「見られる」「言える」などをやたらに使うのは望ましくありません。さきほど述べたように、「である」と断定できる確実な知見を増やすために書かれるのが論文だからです。自分の主張を明確に打ちだすときにかぎって使うように心がけてください。

当為の文末表現

　ここまでは、推量の文末表現でしたが、「べきである」「ざるをえない」「必要がある」「なければならない」などの当為の文末表現も論文でよく用いられます。

　しかし、こうした当為の文末表現が日常生活で用いられる場合、「子どもは親の言うことを聞くべきだ」のような当然感、「うちに帰ったら宿題をしなきゃいけない」のような義務感が伴いますが、論文に出てくる当為

の文末表現にはそうした主観的な価値観は希薄で、そうあるのが必然だという論理的必然感を出したいときに使われます。

- 上述の定義は、正確には以下のように解釈すべきである。
- 現状の予算で支援を拡大することは困難であると結論せざるをえない。

「必要がある」や「なければならない」は、研究を論理的に組み立てるうえで欠かせない条件や主張を提示するときに使われます。

- 手書きの重要性を教育のなかであらためて見直す必要がある。
- 回答者間のメディア・リテラシーの差を考慮しなければならない。

こうした当為の文末形式を使うと論理的な必然感が高まり、論文らしくなります。しかし、こうした表現を示すだけでは、読み手に主観的な印象を与えてしまいます。前後の文脈にその主張を支える根拠を明示し、論理的必然性を保証することが重要です。

練 習 8

つぎの文章で、下線部をより適切な表現に直してください。

　大学は、利益を上げることを目的とするわけでも、政治的な立場に立つことを第一とするわけでもない。学問の自由と自治が与えられている以上、大学は自らの主体的な選択で社会との連携を模索したほうがよいのではないか。

第9課　論文のオトナ語

課 題 9

つぎの下線部をわかりやすい表現に直してください。

この問題は、<u>紙幅の関係で</u>、言及できなかった。<u>別稿を期したい。</u>

オトナ語とは

　オトナ語をご存じでしょうか。インターネット新聞『ほぼ日刊イトイ新聞』に連載されていたもので、社会人が意識せずによく使っているビジネスの世界の便利な慣用表現のことです。「午後いち」「なるはや」「落としどころ」「お世話になっております」などがオトナ語に当たります。

　研究者の世界にも、論文のオトナ語と言うべき、**便利な慣用表現**がそろっています。この課では、そうした論文のオトナ語を学びますが、そのさい気をつけたいのが、論文のオトナ語の言い訳めいたニュアンスです。使い方を誤ると、読み手に悪い印象を与えますので、注意が必要です。

論文のオトナ語の実際

　「管見のかぎり」は、「私が調べた狭い範囲では」という意味です。

本テーマについて扱った研究は、<u>管見のかぎり</u>見当たらなかった。

　この表現は、「そのテーマの先行研究は存在するよ。」と誰かに言われた

ときの予防線です。ただし、学問的には言い訳は許されませんので、この言葉を免罪符としないよう、十分に先行研究を調べる必要があります。

　冒頭の課題9の**「紙幅の関係で」**は、「ページ数の限界で」という意味です。書きたいことがページ数の上限を超えて書けないときに使います。

　これも、読んだ人に「当然この問題についても触れるべきでしょう。」と言われたときの対策です。しかし、これもまた、自分の述べるべきことを簡潔に語る力量がなかったという事実の言い訳にはなりません。

　「今後の課題」も「紙幅の関係で」と同じように、語るべきことが語れなかったときの言い訳によく使われる表現で、稿末に現れます。しかし、これも「今後の課題」として見のがしてくれるかどうかは読み手次第です。

　課題9の**「別稿を期したい」**も同様で、そのことについては別の論文で書くつもりだということです。しかし、「別稿を期したい」と書かれたまま放置された論文のいかに多いことか。「別稿を期したい」と宣言したら、その約束はきちんと果たしましょう。

「ダイエットは明日から」みたいになっちゃダメってことだね

…そうだね

「明らかである」「自明である」「言うまでもない」 が使われることもあります。論文は「明らかにする」ものですが、明らかにするまでもないことを「明らかである」で済ますわけです。しかし、明らかにするのが大変なのでごまかすときに使わないように注意してください。

「ないわけでは（でも）ない」「ないことは（も）ない」「否めない」「否定できない」といった**二重否定**もくせ者です。

> そうした仮説が成立する可能性がまったく認められ<u>ないわけではない</u>。

否定しているうちに、肯定か否定かわからなくなってしまいます。明晰な記述を大切にする論文では、できるだけ避けたほうが賢明です。

「しよう」「するまい」はやや大げさな表現です。「しよう」は「しましょう」の意味ではなく、「容易に理解されよう」のような「しよう」です。こうしたもったいぶった表現も控えたほうが安全でしょう。

「しましょう」の意味での「しよう」が使われることもあります。これから述べる内容を予告する表現です。「してみよう」「しておこう」の形になることも多く、「しよう」のかわりに「したい」もよく使われます。

> 銀行業務の多角化をデータに基づいてまずは概観<u>しよう</u>／<u>したい</u>。

実績のある研究者は、読者を巻きこむニュアンスのある「しよう」、駆け出しの研究者は、個人的希望を述べる「したい」を選ぶ傾向があるようです。もちろん、すっきり「まずは概観する」と基本形で終わらせることも可能で、余計な飾りをつけないこの形のほうが好ましく感じられます。

また、よく悩むのは、論文の執筆者自身をどう表現するかです。「私」が

もっともよく使われますが、私的な感じがします。「筆者」も使われますが、文献を引用している場合、その文献の書き手と間違えられるおそれがあります。「著者」は本の場合に使われる言葉で、論文で使うのはやや不自然です。「論者」という表現もありますが、あまり普及している表現ではなく、評価をする「評者」と混同されがちです。

　論文の基本が「私」を消すというところにある以上、一人称は書かずに済ませられるように筆を運べるのがベストです。

　一方、「私の論文」はどう表現すればよいでしょうか。つたないという意味が込められた「拙稿」は論文のオトナ語ですが、そうしたへりくだりは論文とは本来無縁のものです。「小稿」という言い方もありますが、**「本稿」「本研究」**、あるいは**「この論文」「この研究」**で十分でしょう。

　この「本〜」というのは便利で、論文でよく使われます。前節・本節・次節のような組み合わせで今書いている位置を特定できるからです。

　ただ、気をつけたいのは、「節」が何を指すかです。

　レポートくらいの長さのものの場合、1、2、3という番号を立てた場合を「節」、そのしたに来るものを「項」と呼びます。卒業論文のような長いものの場合、1、2、3という番号は「章」、そのしたのものを「節」、さらにそのしたのものを「項」と呼びます。

　博士論文のようにさらに長いものでは、章のうえに「部」を立てることもあります。いずれにしても、**「節」は文章の長さによってその位置づけが変わります**ので、気をつけてください。

　最後に挙げたいのが、オトナ語の「午後いち」「なるはや」に当たる略語です。私の分野では「第一言語話者（ネイティブ・スピーカー）」を"L1"、「第二言語話者（ノンネイティブ・スピーカー）」を"L2"で表します。しかし、略語を最初から導入するのは読者に不親切ですので、初出のさいに「第一言語話者（以下L1と略記）」などと断ることをお勧めします。

●文章の分量によって節の位置づけは変わる！

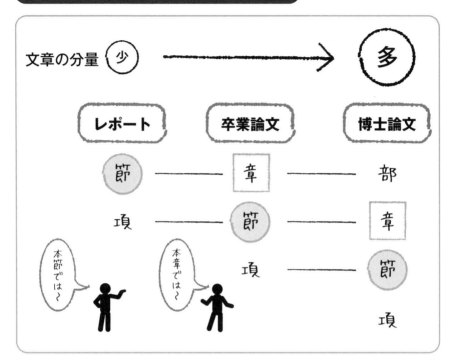

練　習　9

つぎの下線部をわかりやすい穏当な表現に直してください。

　そうした業界幹部の発言に鑑みると、規制緩和にたいする業界の要望がこれまでまったく出されていなかったわけではないと言えよう。

第13章

論文の文体

第13章の構成

　第13章で考えるのは「論文の文体」です。論文の文体とはいったいどのような文体なのでしょうか。会話と小説との比較で考えてみましょう。

　言語において、「雨」「政治」といった名詞、「降る」「統治する」といった動詞、「冷たい」「強大な」といった形容詞は、ほとんどの言語に存在する、いわば三大品詞です。文の骨組みをなし、文の実質的な意味を担うため、実質語と呼ばれます。私たちの言語生活では、この三つの品詞がどれも用いられています。

　しかし、会話、小説、論文という異なる三つのジャンルでは、品詞の重要度に偏りが見られます。感覚的な見方ですが、私は、会話の特徴は形容詞、小説の特徴は動詞、論文の特徴は名詞にあると考えています。

　若い人たちの会話で聞こえてくるのは、「かわいい」「きれい」「すごい」「かっこいい」「やばい」などの形容詞です。会話の基本は話し手に積極的に共感を示し、話題を盛りあげることにあります。そのため、こうした積極的な評価を表す形容詞は便利に使えるわけです。

　一方、小説では伝統的に動詞が尊ばれます。登場人物の心情を表すのに形容詞も使われますが、描写によって心情を描くことに主眼がある小説の場合、「うれしい」というより「全身に喜びがあふれた」、「悲しい」というより「食事がのどを通らなかった」のように、動詞を用いることで、読者に

「うれしい」「悲しい」という感情をイメージ豊かに伝えられます。

　では、論文はどうでしょうか。結論から言うと、論文は名詞が中心のジャンルです。専門性が高く、情報密度の濃い内容を正確に伝えるのには名詞が適しているからです。一方、主観性の強い形容詞や副詞は論文になじまず、その使用が避けられることで独特な文体が形成されます。

　第10課では「**話し言葉と書き言葉**」について扱います。論文は典型的な書き言葉ですが、話し言葉との区別は単純ではありません。第10課では、文体差が現れる品詞は、接続詞、副詞、接続助詞に偏っていること、そうした品詞は、書き言葉的な表現と話し言葉的な表現がセットになる傾向にあることを指摘するなかで、書き言葉選びのコツについて考えます。

　第11課では「**論文になじまない言葉**」について扱います。論文に入っていると確実に浮いて見える言葉というのがあります。いわば、論文のNGワードのようなものです。一部の副詞、オノマトペ（擬音語・擬態語）、略語がそれに当たります。そうした語は主観的・感覚的なものであるため、客観的・論理的な論文にはなじまないのです。第11課では、そうした語に気づけるようになるトレーニングをします。

　第12課では「**論文の軸となる名詞**」について扱います。名詞は対象の概念を表す言葉ですので、名詞の選択に誤りがなければ、内容はおおむね誤りなく読み手に届きます。ただ、論文の専門用語には難しい漢語が多くなること、名詞の使いすぎは概念どうしの関係がわかりにくくなることが問題です。第12課では、そうした問題とその解決方法を考えます。

第10課

話 し 言 葉 と 書 き 言 葉

　つぎの文章には、話し言葉が混じっている箇所が四つあります。それを指摘して、書き言葉らしい表現に直してください。

　政府は輸出が順調に拡大したら、日本経済は絶対回復すると述べている。でも、輸出に依存した旧来型のシナリオは、急激な円安が進行しないかぎり、多分崩壊するだろう。

意外と難しい話し言葉との区別

　論文専用の表現は、基本的に名詞で構成され、それに、動詞や、評価性の薄い形容詞が混ざり、論文の文体が作られます。しかし、名詞、動詞、形容詞といった実質語だけではなく、文法的な役割を表す機能語もまた、論文の文体に大きな影響を及ぼします。

　機能語には、「は」「の」「が」などの助詞、「ので」「たら」「けど」などの接続助詞、「全然」「多分」「とても」などの副詞、「だから」「しかし」「そして」などの接続詞などがあります。

　このうち、助詞にかんしては話し言葉と書き言葉の文体差は比較的小さいので、あまり気にする必要はありません。一方、接続助詞、副詞、接続詞は、同じ意味の話し言葉と書き言葉が対になって存在する傾向があり、そのどちらを選択するかが重要になります。

■表12　論文では避けたい話し言葉の例

	話し言葉	書き言葉	話し言葉	書き言葉
接続助詞	から　→	ので	したら　→	すれば
	して　→	し（連用中止法）	のに　→	にもかかわらず
	しないで　→	せずに	けど　→	が
副詞	全然　→	まったく	一番　→	もっとも
	多分　→	おそらく	ちっとも　→	少しも
	絶対　→	かならず	もっと　→	さらに
接続詞	だから　→	そのため	けど　→	だが
	それから　→	また	だって　→	なぜなら
	でも　→	しかし	じゃあ　→	では

　表12から、課題10の文章は、「拡大したら」を「拡大すれば」に、「絶対」を「かならず」に、「でも」を「しかし」に、「多分」を「おそらく」にそれぞれ直す必要があることがわかります。

　接続助詞・副詞・接続詞のなかでとくに注意したいのは副詞です。名詞は、歴史的に日本固有の言葉とされている和語より、比較的古い時代に中国から日本に渡来した漢語のほうが専門用語として使われる比率が高いのですが、副詞にかぎってみるとその傾向が変わります（石黒2004）。
　「全然」「多分」「絶対」「全部」「一番」が漢語で話し言葉的、「まったく」「おそらく」「かならず」「すべて」「もっとも」が和語で書き言葉的です。もちろん、「とても」と「非常に」、「ちょっと」と「多少」のように漢語が書き言葉的なものもありますが、漢語だからかならず書き言葉的になるわけではないという点に気をつけてください。
　もちろん、上記の表12は便宜上のもので、いつも話し言葉と書き言葉

がセットになって、はっきり分かれるわけではありません。むしろ、話し言葉と書き言葉の違いは段階的なものです（森山2003）。極端な程度を表す副詞を例にすると、そのことがよくわかります。

超 < すごく < とても < たいへん < 非常に < きわめて
（話し言葉的）←――――――――――→（書き言葉的）

　人によってどこまでを論文で使えるかの判断は異なると思いますが、論文は、基本的には硬い書き言葉ですので、迷ったときは「非常に」「きわめて」のような上図の右寄りのものを選んでおくことをお勧めします。

なぜ話し言葉と書き言葉の区別が生じるのか

　しかし、なぜ似たような意味の語が、話し言葉的な語、書き言葉的な語に分かれるのでしょうか。

　表12を眺めていると、その理由に三つほど思い当たります。

　第一の理由は、**主観的な語と客観的な語の違い**です。主観的というのは、話し手・書き手自身の判断に依存する度合いが強いこと、客観的というのは、話し手・聞き手の判断とは無関係に事実として存在する度合いが強いことを表します。

　主観的な語は論文には不向きです。それが明確に現れているのは、表12では、副詞の「絶対」と「ちっとも」、接続詞の「でも」と「だって」でしょう。

　大人は、世の中には100％がないことを経験的に知っていますから、「絶対」という言葉をほとんど口にしません。一方、子どもはすぐに「絶対」という言葉を口にし、「絶対だよ。命賭ける。」と大切な命まで賭けてしまいます。

「ちっとも」という副詞には、「私の気持ち、ちっともわかってくれないのね。」「渋滞で車がちっとも動かないよ。」のように、不平・不満がこもっている感じがします。話し手が「ちっとも」を使うとき、こうあってほしいという期待があります。その期待が多少は実現してもよいはずなのに、まったく叶わないとき、「ちっとも」が口をついて出てきます。これは情報の問題ではなく、感情の問題です。感情の問題は論文には似合いません。

接続詞の「でも」と「だって」は子どもの言い訳の定番です。親が、子どもの言い分を無視して子どもを責めつづけるとき、子どもは親の言葉の合間に「でも」と「だって」を差し挟み、自分の考えを述べ、自己を正当化しようとします。しかし、多くの場合、親のさらなる怒りを招いてしまいます。親は子どもがおとなしく謝ることを期待しているからです。

副詞「絶対」「ちっとも」、接続詞「でも」「だって」に共通しているのは、話し手・書き手が自分の先入観をあらかじめ持っており、それにもとづいて表現している点です。同様の傾向は、接続助詞の「から」と「のに」、副詞の「全然」、接続詞の「だから」と「じゃあ」にも見られます。「だから」などは一見客観的に見えますが、話し言葉で「だから、さっきから言ってるでしょ。」などと言えるのは、「だから」が主観的な側面を有しているからです。

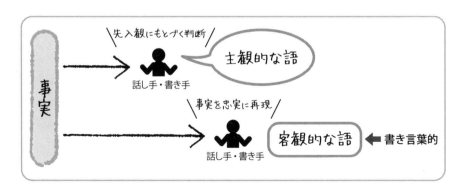

話し言葉的な語、書き言葉的な語に分かれる二つめの理由は、**現実的な語と仮想的な語の違い**です。微妙な差ですが、「雪が｛降って／降り｝路面が凍結した。」は「降って」が、「雪が｛降って／降り｝路面が凍結する。」は「降り」のほうが多少よい気がします。一方、「雪が｛降ったら／降れば｝路面が凍結した。」では「降れば」は日本語として不自然な表現であり、「雪が｛降ったら／降れば｝路面が凍結する。」は「降れば」のほうが多少よい気がします。

　一般に、文章はすでに起きた出来事を時間の経過とともに記録していくものと、時間軸とは無関係に頭のなかで話を組み立てていくものがあります。前者は現実的な語が多く使われ、話し言葉的です。それにたいし、後者は仮想的な語が多く使われ、書き言葉的です。論文は言うまでもなく頭のなかで話を組み立てていくもので、仮想的な語が好んで用いられます。

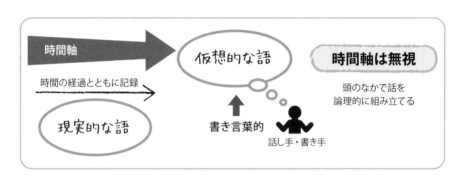

　話し言葉的な語、書き言葉的な語に分かれる三つめの理由は、**その場での大ざっぱな判断と、思考を経た慎重な判断の差**です。

　論文で「多分」や「ちょっと」という表現を見たら、多くの人がおやっと思うのではないでしょうか。言葉づかいとして厳密さを欠くような印象があるからです。「多分」は、はっきりした根拠がなく、自信がないときの推量に使う語ですし、「ちょっと」は多義語で、聞き手や場面によって、その量が変化します。お酒を「ちょっと」飲めるはずの人が、けっこういける口だったりすることは珍しくありません。

こうした、大ざっぱな認識を表す副詞は、ほかに「だいたい」「たいてい」「まあまあ」などがあり、論文で避けられる傾向にあります。

接続詞では、そうした場当たり的な言葉選びは、計画性のなさという形で露呈します。「それから」が避けられるのは、二つめの理由として挙げた現実的な語であることとも関わるでしょうが、「それから〜。それから〜。それから〜。」と続けると、その場で考えている印象を読み手に与えるのが問題になるのでしょう。

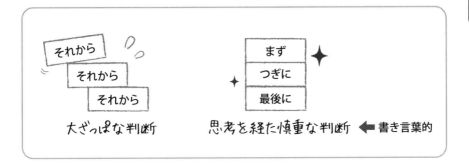

「あと」「それと」「で」「それで」なども同様の理由で避けられますし、「ところで」「とにかく」「要するに」「結局」など、論理の展開を強引に持っていくような接続詞も、論文では問題視されますので、気をつけてください。

練習 10

つぎの文章には、話し言葉が混じっている箇所が三つあります。それを指摘して、書き言葉らしい表現に直してください。

A社は、これまで残業を必要悪と考えてきたけど、業績悪化のため、人件費の削減が必要と判断した。だから、定時でオフィスの空調を停止し、電源を落とす大胆な残業削減の取り組みをもうすぐ開始する。

論文になじまない言葉

　以下の文には、論文として不適切・不親切な表現が３箇所あります。それを直してください。

　UN の調査では、ジニ係数の値が高くなるにつれてだんだん貧困者の割合が増加し、0.5 を超えると、かならず社会的な暴動が起きるとされている。

副詞に気をつける

　前課で見た、話し言葉と書き言葉の区別とは別に、そもそも論文には使わないほうがよい言葉もあります。本課では代表的なものを三つ紹介しましょう。

　最初に紹介するのは副詞です。前課で書き言葉で使われる副詞を紹介しました。「かならず」「少しも」「まったく」「おそらく」「多少」などです。「絶対」「ちっとも」「全然」「多分」「ちょっと」よりはずっとよいと思うのですが、こうした副詞はそもそも論文になじむのでしょうか。

　「かならず」は肯定形と、「少しも」は否定形と、「まったく」はその両方と共起し、いずれも 100％という意味を表します。しかし、100％と断言してしまうと、例外、すなわちウソが一つでも見つかったら、その時点でその論文は価値を失ってしまいます。慎重を期すためには、副詞を何もつけないか、つけるのであれば「ほとんど」にしたほうがよいと思います。

　一方、「おそらく」「多少」は、「かならず」「少しも」「まったく」とは反

対に、副詞の力が弱すぎて、これもつけないほうがよいでしょう。「おそらく」という推量に現れる書き手の姿勢は、読み手を説得しようという気概に欠けますし、「多少」も「多少にかかわらず」のような名詞の場合はともかく、副詞の場合どのくらい少ないかが明確ではありません。

　では、副詞は論文では御法度なのでしょうか。そうではありません。正確に述べるために慎重に使われていることがわかる副詞ならば使ってかまいません。

　たとえば、さきほど挙げた「ほとんど」あるいは「ほぼ」、形容詞の程度を比較の観点からより精密に記述する「比較的」あるいは「相対的に」、全面的な肯定を具体的な反例とともに部分的に否定する「かならずしも」などがあります。

　とくに、部分否定という考え方は論文では重要で、「かならず」「まったく」なども「〜わけではない」という部分否定の文末と共起すれば、論文で使って差しつかえありません。

　また、「もっとも」「きわめて」「いちじるしく」というのも極端な表現に思えますが、調査の結果明らかになったデータを説明する場合、順位が1位にあるものを「もっとも」で指すことは自然ですし、程度が甚だしい場合、「きわめて深刻な事態」「いちじるしく高い数値」という言い方を取ることも十分可能です。

　さらに、論じるときに必要な副詞もあります。接続詞的な副詞については、接続詞と見なして第15章第17課で紹介しますので、ここではそれ以外のものを取りあげましょう。

　まず、語り方の焦点を定める「大きく」「主に」「もっぱら」です。「大きく分けて二つある」「主に心理学の観点から述べる」「もっぱら後者の意味で使われる」のように使われます。また、譲歩を導く「たしかに」「もちろ

ん」も欠かせません。さらに、疑問表現として論点を絞る「はたして」「な
ぜ」「いかに」なども使う必要が出てくる場面が多いでしょう。

　このように論文に必要な副詞もあります。しかし、一般に、論文にウソ
を持ちこむ要素となりうる副詞は避けたほうが賢明です。日本語の場合、
論理の精度を上げるには、文末の表現で調整したほうがうまくいくケース
が多いように思います。

オノマトペに気をつける

　論文になじまない表現の代表の二つめはオノマトペです。
　オノマトペは、五感でとらえた身体の外側の感覚や、喜怒哀楽などの身
体の内側の感覚を、象徴的な音を使い、実感を伴って再現する表現のこと
です。
　日本語では、「ワンワン」のような音を模した擬音語と、「ぼろぼろ」の
ような状態や動作の様子を模した擬態語を合わせた言葉として用いられま
す。
　「ワンワン」「ぼろぼろ」のようなオノマトペを論文に使う人はさすがに
いないでしょうが、以下のようなオノマトペはよく見かけます。

調査結果ははっきり二つに区別される。→「明瞭に」

しっかり認識する必要がある。→「十分に」

きちんと検証することが求められる。→「慎重に」

その全体像がだんだん明らかになってきた。→「次第に」

法改正後、都心部の人口がどんどん増加した。→「急速に」

オノマトペは文章をわかりやすくする効果がありますし、「はっきり」などは、難しい「明瞭に」よりむしろよいくらいかもしれません。しかし、オノマトペは日本語の母語話者が幼いころに感覚を言語化していく過程で習得する言葉なので幼く見られがちですし、感覚的に描写するという表現の性格上、論文には本来なじまないものです。オノマトペに気づいたら、論文ではできるだけ避けたほうがよいと思います。

なお、オノマトペの語形は以下のようなものが中心です（金田一 1978）。オノマトペを見抜くときの参考にしてください。

■表13　オノマトペの主な語形

構造	例
○っ	「さっ」「ぷっ」
○○っ	「ぽきっ」「がくっ」
○○ん	「ごろん」「ぽきん」
○っ○り	「びっしり」「すっぽり」
○ん	「ばん」「つん」「でん」
○○り	「ぱたり」「さらり」
反復形	「がんがん」「ばちゃばちゃ」
○ん○り	「こんがり」「ぼんやり」

感覚的なオノマトペは論文ではNG

略語に気をつける

「自販機」（自動販売機）や「取説」（取扱説明書）といった略語も、論文には不向きです。外の読者にむかって、伝わる言葉で正確に書こうという意識に欠けるからです。

「パソコン」「ワープロ」のように、「パーソナル・コンピュータ」「ワード・プロセッサ」とすることで、かえってわかりにくくなるものは別です

が、「コンビニ」「携帯」でもボーダーラインだと思いますし、「マック」「バイト」のような俗語の印象のあるものは直したほうが無難でしょう。若い人は過剰に使う傾向がありますので、迷ったら直すのが基本です。

　自分の大学や専門分野で使われる略語にも気をつけたほうがよいでしょう。山形大学のつもりで「山大」と書いても、山梨県の人は山梨大学、山口県の人は山口大学を思い浮かべるでしょう。

　私の専門分野では、「国研」は「国立国語研究所」ですが、ほかの分野では、ほかの国立の研究所を指しそうです。

　また、**アルファベットの頭文字の略語（abbreviation）にも注意が必要**です。たとえば、ICU は医療の専門家どうしなら集中治療室を指すことはすぐにわかると思いますが、文脈によって国際基督教大学などと間違われるおそれがある場合、初出のさいに「集中治療室（Intensive Care Unit、以下 ICU と略記)」などと断っておいたほうが安全です。

　以上、副詞、オノマトペ、略語について見てきました。その指摘を参考に、冒頭の課題 11 を直すと、「UN」→「国際連合」、「だんだん」→「次第に」、「かならず」→削除ということになります。

敬意を含む表現に気をつける

　論文は、不特定多数の読み手を想定している、書き手が誰であってもその価値を変えない文章です。そのため、書き手が誰であるか、読み手が誰であるかということで文末の文体が変わることはありません。

　論文が中立体である**「である」体**で書かれるのもその一つの表れです。書き手が学生で読み手が先生だからといって、丁寧体である「です・ます」

体にする必要はありませんし、反対に書き手が先生で読み手が学生だから
といって、タメ語である「だ」体にする必要もありません。

　そのほか、いわゆる敬語や恩恵を示す表現もまた、論文には一切必要あ
りません。「おっしゃった」のような尊敬語、「申しあげた」のような謙譲
語、「してもらった」「してくれた」のような授受表現は、内容に書き手の
立場や主観を交えない論文の考え方になじまないものです。

　こうした待遇表現も、油断していると論文につい現れてしまいますので、
校正のさいには気をつけるようにしてください。

練　習　11

　以下の文には、論文として不適切・不親切な表現が4箇所あります。そ
れを直してください。

　国環研は、東電福島第一原発から放出された放射性セシウムによる関東
周辺の汚染状況をしっかり把握し、セシウムが生態系に及ぼす影響を可能
なかぎり完璧に評価するプロジェクトをおこなっている。

第12課　論文の軸となる名詞

課　題　12

つぎの文を、名詞を中心とした文に直してください。

輸出が拡大したことで、製造業が再び多くのものを作れるようになった。

論文のなかの名詞

　本章の導入で、論文は名詞を中心としたジャンル（今村 2004）であることを紹介しました。その名詞が、論文のなかでどのように使われているか、経済学における「生産」という語を例に検討することにしましょう。

表14　『通商白書』に見る形態素「生産」の使われ方

使われ方	総数	語例
単独の名詞として	100	我が国の生産、生産を停止するなど
単独の動詞として※	35	生産する、生産されるなど
名詞の一部「生産〜」として	180	生産量、生産性、生産要素、生産活動など
名詞の一部「〜生産」として	34	食料生産、現地生産、国内総生産など
名詞の一部「〜生産〜」として	64	主要生産国、総生産額、受注生産体制など

（※「海外生産する」1 例を含む）

　資料は、経済産業省『通商白書』（2011 年度版、2011 年 7 月 12 日取得 http://www.meti.go.jp/report/tsuhaku2011/2011honbun/index.html） を用いました。本文のみを検索にかけたところ、「生産」という語（正確には形

態素）が 413 出てきました。その内訳は表 14 のとおりです。

漢語「生産」に対応する和語が「作る」であることを考えると、動詞としての使用がもっと多くてもよさそうなのですが、実際には 10％に満たないことがわかります。一方、単独の名詞としてだけでなく、語の一部として使われることが多い様子が見てとれます。とくに「生産〜」が多く、「〜生産」が少ないことが上記の表からわかります。

これには理由があります。『通商白書』は、経済を専門にする官僚や大学教員、研究所の研究員が書いているので、専門用語が多いのです。そして、その専門用語は「生産〜」に偏っています。

三字漢語では、「生産量」「生産性」「生産額」「生産物」など、四字漢語は非常に豊富で、「生産要素」「生産活動」「生産構造」「生産拠点」「生産台数」「生産機能」「生産主体」「生産管理」「生産水準」など、五字以上の漢語は少なく、「生産者物価」「生産工程別貿易財」など、外来語との組み合わせも「生産コスト」「生産プロセス」「生産システム」「生産ベース」などがありました。

私自身も、今回「生産機能」という語が専門用語として使われていることを初めて知りました。もちろん、一般語に近い、「生産地」「生産工場」「生産方法」「生産再開」などもありましたが、全体として見ると、「生産〜」では専門用語が多く、かつ、白書全体にまんべんなく出てくることが調べてみてよくわかりました。

一方、数が少なかった「〜生産」はより一般語に近いものが多いことがわかります。

「食料生産」「自動車生産」「部品生産」「現地生産」「海外生産」「国内生産」など、「〜」には何を作るか、あるいはどこで作るかなど、具体的なものが来やすいからです。もちろん、「国内総生産」「鉱工業生産」「ロット

生産」「見込み生産」など専門用語も出てはきますが、少数派です。

　前後にほかの要素がつく「〜生産〜」も多かったのですが、これは「東アジア生産ネットワーク」あるいはそれに類する語が 29 語あったことが影響しています。今回の白書の一つのキーワードだったのでしょう。

名詞を使う長所と短所

　以上のように、論文で名詞が多い理由は、「生産」のような漢語が複数組み合わさって専門用語ができていることによりますが、じつは、もう一つ理由があります。**動詞を名詞に直すことで、簡潔で厳密な表現ができるようになる**ということです。

　冒頭の課題 12 を例に、その点を確かめてみましょう。

　もともとの文は「輸出が拡大したことで、製造業が再び多くのものを作れるようになった。」でしたが、動詞を減らすためには「輸出が拡大した」と「製造業が再び多くのものを作れる」の 2 箇所の動詞を減らすことが考えられます。

　たとえば、「輸出の拡大によって、製造業の生産が回復した。」あるいは「輸出の拡大が製造業の生産の回復に寄与した。」のように修正が可能です。少ない文字数で的確に表現できています。

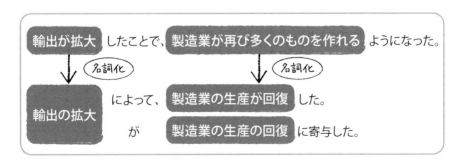

また、今回の白書は東日本大震災のことに多く紙面が割かれており、「生産を停止する」「生産を中止する」「生産を見合わせる」「生産を縮小する」「生産を誘発する」「生産を再開する」「生産を本格化する」などが見られました。白書の内容を見ているだけでも、震災の被害の甚大さが伝わってきて、心痛みます。これも、「生産する」だけでは表しきれない行為としての生産の微妙な違いを厳密に表すことが可能になるという一つの例でしょう。

　名詞を中心とした表現にはじつは弱点があります。漢語が並ぶ結果、漢語どうしの関係があいまいになり、意味がわかりにくくなるのです。
　「自動車現地生産規模拡大戦略」では中国語のようですし、「自動車の現地生産の規模の拡大の戦略」では「の」ばかり続いてわかりにくくなります。この場合は、「自動車の現地生産の規模を拡大する戦略」と動詞を交えて表現したほうがわかりやすいと思われます。
　このように、名詞の使いすぎは、読者にとってわかりにくくなることもありますので、**多数の名詞を長く続けるときは、適度に動詞を交える**ことも必要です。

練 習 12

　つぎの文を、名詞を中心とした文に直してください。

　各種専修学校は、入学した学生にたいし、就職できる能力を高めることを支援する学習機会を与えることに取り組んでいます。

第14章

明晰な文

第14章の構成

　第2部では、論文において、できるだけウソを減らすのに役立つ表現について考えています。たとえば、第10章では語の選択に宿るウソ、第11章では表記の選択に宿るウソについて考えました。

　しかし、語の選択や表記の選択のように細部にだけウソが宿るわけではありません。文自体にも言葉のウソが宿ることがあります。文に見られる言葉のウソについて考えるのが、本章の目的です。

　文にウソを潜ませる場合、二つの方向性がありえます。一つは、文の意味や構造を複雑にする方法、もう一つは、逆に文の意味や構造を単純化する方法です。

　文の意味を複雑にするというのは、1文の内容を複数の意味に取れるようなしかけを施すことで、**第13課「複数の意味を持つ文」**で扱います。

　一休さんに出てくる「ふたつにおりてくびにかけるじゅず」は、「二つに折り、手首にかける数珠」と「二つに折りて、首にかける数珠」の二つの意味に取れるようにできています。

　もちろん、論文で意図的にそうしたしかけを用意することはほとんどないでしょうが、知らず知らずのうちにそうした文が紛れこんでしまうことはあります。そうした文に敏感になることが第13課の目的です。

148

文の構造を複雑にするというのは、文を長く、かつ修飾・被修飾の関係を増やすことで、**第14課「読者を迷子にする文」**で扱います。

　文を長く、かつ修飾・被修飾の関係を増やせば、読みにくい文となり、読み手はその文を正確に理解することが難しくなりますので、ウソを忍びこませても気づかれにくくなります。

　さらに、読み手に気づかれにくいだけでなく、書き手自身も気づきにくくなりますので、自分のウソが自覚できなくなります。自分の書いている文を単純化することでウソを発見しやすくすることが第14課の目的です。

　第13課、第14課とは反対に、文の意味や構造を単純化してウソを潜ませる方法もあります。単純化すること自体はよいのですが、それも程度問題で、過度の単純化は説明や吟味が足りなくなり、ウソが紛れこむことになります。

　つまり、語らなかったところにウソが存在するわけです。とくに、文を漠然としたあいまいなものにすると、ウソが発見しにくくなります。正確に表現しようという姿勢を持ちつづけ、できるだけあいまいさを排除するようにすることが**第15課「あいまいさを含む文」**の目的です。

　このように、本章では、含みを持たせる、単純化するという二つの相反する方法でウソが混じることを示し、そうしたウソに敏感になり、文のウソをできるだけ取り除いて正確な文を組み立てる方法を考えます。

複 数 の 意 味 を 持 つ 文

課 題 13

　①と②はいずれも文の構造上二つの意味に解釈できる文です。解釈可能な二つの意味を考え、それぞれ二つの意味に解釈不可能な文に直してください。

①市当局は、通行料金の値上げによって完成した都市高速2号線の延長を計画している。
②契約社員にくらべて給与や待遇が低い派遣社員は、派遣先の企業で仕事の内容にたいして不満を持つケースが多い。

わかった瞬間にわからなくなる

　一つの文で一つの意味を正確に伝えることは、想像以上に大変です。しかし、論文ができるだけウソをつかないことを目指す文章である以上、誰が見ても構造上二つ以上の意味に取れてしまう文は、最低でも避けなければいけません。複数の意味に取りうる構造を備えた文は、論文の文としては致命的な欠陥です。そうした文を書かないコツはあるのでしょうか。

　コツは二つあります。一つはほかの人に読んでもらうこと、もう一つは複数の解釈を生みだしやすい文構造を勉強し、それを避けるようにすることです。

　山内博之さんが書いた『誰よりもキミが好き！』という本があります（山内 2008）。一つの文が二つに解釈できる二義文を集めた面白い本です。こ

の本のタイトル、『誰よりもキミが好き！』を二つの意味で理解できるか、考えてみてください。

　一つの解釈は、「キミ」に言い寄る人は多いが、そのなかでも「ボク」が誰よりも「キミ」が好きという解釈です。もう一つの解釈は、「ボク」にはつきあう候補が何人もいるが、そのなかで誰よりも「キミ」が好きという解釈です。

　一つの解釈はできても、もう一つの解釈には気づかなかった人が多いのではないでしょうか。積極的に告白するタイプの人は、言いよる人のなかで誰よりもという解釈になりそうですし、いわゆるもてるタイプの人は、つきあえる可能性のある選択肢のなかで誰よりもという解釈になりそうです。ここからわかることは、言葉の理解では、一つの解釈が成立すると、もう一つの解釈が消えてしまい、なかなか気づかないということです。

ゲシュタルト心理学でよく取りあげられるルビンの壺という絵があります。向かいあったふたりの人の顔に見えたり、壺に見えたりする絵です。あの絵でも、顔と壺の両方が同時に見えることはありません。わかった瞬間にわからなくなるという逆説（西林 1997）が生じるのは、このことからもわかります。ほかの人に読んでもらうとよいのは、自分と異なる解釈をしてくれる可能性があるからです。

　しかし、ほかの人も同じ解釈をしてしまう可能性もありますし、書き手と異なる解釈をしていてもおたがいに気づかない可能性があります。そこで、二つの解釈が生じやすい文の構造を知っておく必要があるわけです。

　『誰よりもキミが好き！』は話し言葉の例が中心ですが、本書で問題にするのは書き言葉の例です。書き言葉の場合、複数の解釈を生みだす4大要因は、**①修飾・被修飾の関係、②連体修飾節の制限用法と非制限用法、③名詞の意味と相対性、④「ように～ない」などの否定表現**です。以下、順に見ていきましょう。

誤解の要因①　修飾・被修飾の関係

　まず、①「**修飾・被修飾の関係**」から見てみましょう。冒頭の課題 13 の①「市当局は、通行料金の値上げによって完成した都市高速 2 号線の延長を計画している。」から考えてみましょう。

　この文が二義性を帯びる原因になっているのは、「通行料金の値上げによって」の修飾する先です。直後の「完成した」にかかっていると解釈するのか、あるいは、文末の「計画している」にかかっていると解釈するのかによって意味が違ってきます。「完成した」にかかっていると解釈すれば、「市当局は、通行料金の値上げによって完成した都市高速 2 号線を、さらに延長しようと計画している。」と直すことになるでしょうし、「計画して

いる」にかかっていると解釈すれば、「市当局は、完成した都市高速2号線の延長を、通行料金の値上げによってまかなおうと計画している。」と直すことになるでしょう。

　また、このような問題は、上記のように動詞を修飾する連用修飾だけでなく、名詞を修飾する連体修飾でも起こってきます。「美しい日本の私」（川端康成）あるいは「あいまいな日本の私」（大江健三郎）といったノーベル文学賞受賞講演で知られたパターンです。以下の文で二つの解釈を考えてみてください。

バラは一般に病害虫に弱い。ところが、最近、アポトキシンという現在よく使われている農薬を一切使わずに育てられる新種のバラが開発された。

　「アポトキシンという」が「農薬」にかかるのか、「新種のバラ」にかかるのかの違いです。前者なら「アポトキシン」は農薬の名前ですし、後者なら「アポトキシン」はバラの名前です。「アポトキシン」自体は『名探偵コナン』に出てくる毒薬の名前で架空のものですから、どちらにでも解釈できるはずです。

　修正の仕方ですが、「アポトキシン」が農薬の名前なら、「ところが、最近、現在よく使われているアポトキシンという農薬を一切使わずに育てられる新種のバラが開発された。」のように「アポトキシンという」を「農薬」の直前に移動させればよく、「アポトキシン」がバラの名前なら、「ところが、最近、現在よく使われている農薬を一切使わずに育てられるアポトキシンという新種のバラが開発された。」のように、「新種のバラ」の直前に移動させればよいわけです。

　つまり、①「修飾・被修飾の関係」によって生じた複数の解釈は、**修飾するものと修飾されるものの語順を近づければほぼ解決**できます。

誤解の要因② 連体修飾節の制限用法と非制限用法

　つぎは、②「**連体修飾節の制限用法と非制限用法**」です。ここで検討したいのは「小さいネズミと大きいネズミ」「小さいネズミと大きいゾウ」の違いです。

　同じ「小さいネズミ」でも、「大きいネズミ」と比較した場合、2匹のネズミの区別に役立っています。その意味で、ここでの「小さい」は欠かせない情報です。一方、「大きいゾウ」と比較した場合、ゾウとの区別には役立っていません。「小さい」「大きい」はあくまで「ネズミは小さいもの」「ゾウは大きいもの」という一般論を示したにすぎません。その意味で、ここでの「小さい」は説明をわかりやすくする効果はありますが、情報としては必須のものではないのです。

　「ネズミ」の意味を限定し、区別に役立っているものを「制限用法」、「ネズミ」の意味を限定せず、説明にのみ役立っているものを「非制限用法」と言います。英語の書き言葉の場合、関係詞のまえにカンマを入れるかどうかで区別しますが、日本語では**文脈で区別**するしかありません。

　冒頭の課題13の②「契約社員にくらべて給与や待遇が低い派遣社員は、派遣先の企業で仕事の内容にたいして不満を持つケースが多い。」は、この制限用法と非制限用法の違いです。制限用法なら、派遣社員には、契約社員と同じような給与や待遇の人と、契約社員にくらべて給与や待遇が低い人がいることになります。一方、非制限用法なら、派遣社員はつねに契約社員にくらべて給与や待遇が低いものであり、そのことを説明し強調していることになります。

　制限用法なら、「派遣社員にも、契約社員にくらべて給与や待遇が低い者とあまり変わらない者がいる。前者の場合、派遣先の企業で仕事の内容にたいして不満を持つケースが多い。」のように、派遣社員に2種類ある

という前提をあらかじめ示したほうがよいでしょうし、非制限用法なら、「派遣社員は、契約社員にくらべて給与や待遇が低いので、派遣先の企業で仕事の内容にたいして不満を持つケースが多い。」のように因果関係として明確に示したほうが、説得力が上がるでしょう。

誤解の要因③　名詞の意味と相対性

　今度は、③「名詞の意味と相対性」を見てみましょう。名詞の問題は、冒頭の課題 13 には示しませんでしたので、ここで 4 例示しておくことにしましょう。

- 海外のマスメディアと異なり、日本の大手マスメディアは、日本労働組合総連合会（連合）の政策への提言を無視しつづけている。
- 現政権のマスコミ批判が新聞紙上をにぎわせている。
- となりの病室には子どもが入院している。
- その女性の結婚相手は離婚経験のある人で、すでにふたりの子どもがいた。

　最初の例では、「日本労働組合総連合会（連合）の政策への提言」が問題になっています。「の」が連続すると、誤解が生じやすくなることはよく知られていますが、その理由の一つは、修飾する先が増えることがあるからです。この場合は、「連合の政策」なのか「連合の提言」なのかで解釈が揺れています。ただ、この例は、すでに見た「美しい日本の私」や「あいまいな日本の私」と同じパターンですから説明は不要でしょう。

　むしろ、問題なのはつぎの例です。「現政権のマスコミ批判」には、「現政権がマスコミを批判する」解釈と「現政権をマスコミが批判する」解釈がありえます。動詞述語文のときに格助詞「が」「を」だったものを名詞修

飾に変えると、いずれも「の」になり、区別がつかなくなります。そのようなときは、「現政権によるマスコミ批判」「現政権にたいするマスコミ批判」のように格関係を明示するようにしてください。

　第三の例は、名詞自体が複数の意味を持ち、それが文の解釈に影響を及ぼす例です。「となりの病室には子どもが入院している。」のあとに「女の子で、今年小学校に入学したばかりだそうだ。」と続けば「子ども」は幼児・児童一般、「となりの病室には子どもが入院している。トラックにはげしく追突されたとき、私の運転していた車に子どもも同乗していたのだ。」と続けば「子ども」は自分の息子・娘になります。

　最後の例は、「女性の結婚相手」がカギです。この組み合わせには、結婚相手の性別が女性という解釈と、ある女性がいてその結婚相手が男性という解釈があります。たとえば、「太郎さんには、婚約をしている一人の女性がいた。その女性の結婚相手は～」とすれば「女性の結婚相手」は女性でしょうし、「太郎さんと同じ課に、婚約をしている一人の女性がいた。その女性の結婚相手は～」とすれば「女性の結婚相手」は男性でしょう。このように「AのB」という関係はじつは多様である点に気をつけてください。

誤解の要因④　「ように～ない」などの否定表現

　④「ように～ない」というのは、よく知られた二義文のパターンであるにもかかわらず、論文でよく見かけます。つぎの例文を見てください。

> 日本の大学はアメリカの大学のように少人数で活発に議論する授業はほとんどない。

「アメリカの大学のように」を「アメリカの大学と違って／異なり／対照的に」と解釈できるのは、アメリカの大学の授業についての知識があるためで、論理的には「アメリカの大学と同じように／同様に」と解釈することも可能です。

　否定表現ではこのほか、「定刻になっても役員は全員会議室に来ていなかった。」のような全部否定・部分否定をはじめ、二重否定文や否定疑問文などでしばしば二義文が見られます。

　二義文が見のがされやすいのは、文脈からわかるだろうという書き手の甘い認識にも原因があります。事実、文脈からわかることも多いのですが、その文脈を理解するには一定の知識が必要とされるのがふつうです。しかし、読者にはさまざまな知識レベルの人がいますので、二義文はできるだけ避けるのが賢明です。

練　習　13

　①と②はいずれも文の構造上複数の意味に解釈できる文です。解釈可能な意味を考え、それぞれ複数の意味に解釈不可能な文に直してください。

①A大学は何度も交渉を重ねて世界各地で出版された日本関係の希少本を収集しているB研究所と連携協定の締結にこぎ着けた。

②現在多くの職場で問題になっているのは、悪口・陰口・無視などによって相手が心理的に苦しむ様子を見て喜ぶ職場いじめである。

第14課 | 読者を迷子にする文

　つぎの文は意味が取りにくい文です。意味が取りやすくなるように直してください。

　太宰治『人間失格』の場面別頻度という読点の量的な側面について論じた本稿では、読点がそれぞれの場面でどのような意図で使われているか、また、それがどのような表現上の効果を上げているかという読点の質的な側面については分析しなかった。今後の課題としたい。

ガーデンパス文を避けるには

　本課「読者を迷子にする文」は、前課「複数の意味を持つ文」にやや似ています。複数の意味を持っているわけではありませんが、文を別の意味で読みはじめ、途中で誤りに気づくタイプの文です。こうした文も読者の迷惑になります。

　日本語は、ほかの言語と同様、固有の構造を備えています。基本的には、主語－目的語－述語というSOVの語順であり、そのS、O、Vそれぞれの要素を修飾する場合、まえから修飾するため、頭から読んでいくと、細かい記述がさきに出てくることが多い言語です。

　そうした言語の特長は、言いたいことを徐々に整え、最後に全体像を調整して示せるところにありますが、じつはそれがそのまま短所にもなります。すなわち、文の全体構造がなかなか示されないので、全体構造を把握するのに試行錯誤を要求されることが多いのです。

心理学でガーデンパス文（garden path sentences）とよばれるものがあります（井上 1998）。庭の小道は行き止まりが多く、行きつ戻りつしないといけないところからついた名称です。日本語にはその構造上、ガーデンパス文が多く見られます。

　ガーデンパス文を避けるには、自分の書いた文を読者の立場で読み、頭から読んで後続する文の構造や内容を予測できるように直すことがポイントです。

予測しやすい文にするポイント

　冒頭の課題 14 を予測しやすさという観点から考えてみましょう。冒頭の文の言いたいことは「本稿では、読点の量的な側面については論じたが、明晰な読点の質的な側面については分析しなかった。」です。この文構造の基本的骨組みが読者に明確に伝わるように文を作りかえてみましょう。

　まず、「太宰治『人間失格』の場面別頻度という読点の量的な側面について論じた本稿では」という連体修飾構造から後続を予測することは困難です。

　そこで、さきほどの基本的骨組みを生かし、「本稿では、太宰治『人間失格』の場面別頻度という読点の量的な側面については論じたが」とします。あるいは、「本稿では、太宰治『人間失格』の場面別頻度という読点の量的な側面に限定して論じたため」としても予測がしやすいでしょう。これが修正の一つめのポイントです。

　つぎに、課題 14 の後半「読点がそれぞれの場面でどのような意図で使われているか、また、それがどのような表現上の効果を上げているかという読点の質的な側面については分析しなかった。」では、「読点の質的な側面」を修飾する部分が長すぎて、予測しにくくなっています。そこで、「読

点の質的な側面」をまえに出して、「読点の質的な側面、すなわち、読点がそれぞれの場面でどのような意図で使われているか、また、それがどのような表現上の効果を上げているかについては分析をおこなわなかった。」としましょう。

> 本稿では、太宰治『人間失格』の場面別頻度という読点の量的な側面については論じたが、読点の質的な側面、すなわち、読点がそれぞれの場面でどのような意図で使われているか、また、それがどのような表現上の効果を上げているかについては分析をおこなわなかった。今後の課題としたい。

　よく、長い文は読みにくくなるのでいけないと言われますが、それは正確ではありません。予測しにくい文がいけないのです。そして、予測しにくい文に長い文が多いだけのことです。

　長い文を短くして予測しやすい文にするのも一つの方法ですが、長い文には長くなる理由があります。長い文を短くする方法と、長い文を長いまま予測しやすい文に変える方法の両方を知っておくとよいでしょう。

　予測しやすい文にするポイントは、すでに見たように、文の全体構造が**文の先頭から読んで頭に入るような語順にすること**です。そのさいには、文の全体構造が、対比関係なのか、因果関係なのか、あるいは条件関係なのかが明確になるようにしておき、従属節と主節ができるだけ似たパラレリズム（篠田 1986）の構造を保つようにすることです。

　予測しやすい文にするポイントは、じつはもう一つあります。**情報提示の順序**です。文章を読んでいると、Ａという情報が頭に入っていないと、Ｂという情報が理解しにくいことがあります。Ａという情報を前提情報、Ｂという情報を焦点情報とよんでおきましょう。「前提情報から焦点情報

へ」というのが情報提示の基本的順序です。大きな話をさきにして、細かい話に絞りこむイメージです。以下の二つの例を見比べてください。

- 最小規模が5,000ドル、最大規模が100万ドルという会社の規模にかんする制約が1882年のマサチューセッツ州の会社制定法の規定にあった。
- 1882年のマサチューセッツ州の会社制定法の規定には会社の規模にかんする制約があり、最小規模が5,000ドル、最大規模が100万ドルであった。

あとの例のほうがわかりやすいでしょう。「会社制定法の規定」→「会社の規模にかんする制約」→「最小規模／最大規模」と並び、「前提情報から焦点情報へ」という基本的な情報提示順序を満たしているからです。

文の長さの調整

さきほど、文の長さはできるだけ変えないほうがよいと述べました。しかし、それには限界があるのも事実です。新規の情報をいくつも同時に詰めこんでしまうと、理解に支障を来すからです。

新規に導入する前提情報のかたまりは一つに留め、それを文の冒頭に置くのが原則です。新規の情報が文の途中で何度も出てくるのは読者にとって負担が大きいでしょう。以下の二つの文を比較してください。

本稿は、今年度前期、半年にわたりおこなわれた、筒井先生をリーダーとする、日本人学生と留学生の接触場面における会話分析プロジェクトをつうじて収集した資料の整理と分析をおこない、報告書としてとりまとめた一部を、本誌の投稿規定に合わせて加筆・修正したものです。

今年度前期、半年にわたり、日本人学生と留学生の接触場面における
会話分析プロジェクトが筒井先生をリーダーとしておこなわれました。
そのプロジェクトをつうじて収集した資料の整理と分析をおこない、
報告書としてとりまとめました。本稿は、その報告書の一部を、本誌
の投稿規定に合わせて加筆・修正したものです。

あとの例のほうがずっとわかりやすいことがわかります。最初の文では
プロジェクトの内容が、第2文ではプロジェクトで収集した資料が、第3
文では報告書が、それぞれ前提情報となっており、その三つが1文に盛り
こまれたまえの例よりも、ずっと読みやすくなっています。

修飾先の遠近の調整

　修飾するものと修飾されるものとを近づける原理は、前課「複数の意味
を持つ文」で見ました。その原理は本課でも有効です。
　修飾するものと修飾されるものの位置が遠いと、どうしても誤解する余
地が多くなり、読者に試行錯誤させる可能性が高くなります。以下は
2008年9月26日付『スポーツニッポン』の記事からの引用で、年齢はそ
の当時のものです。

NHK「サンデースポーツ」を担当している與芝由三栄アナウンサー
(34)が結婚したことが25日、分かった。相手は楽天・野村克也監督
(73)の息子である団野村氏(51)が代表を務めるマネジメント会社「K
DNスポーツジャパン」に勤務する内田康貴氏(26)。プロ野球の取
材を通して知り合い交際を続け、19日に婚姻届を提出した。

読者は、與芝アナウンサーの結婚相手が誰か、試行錯誤することになります。「相手は楽天・野村克也監督（73）」でまず驚きます。いつ野村元監督が沙知代夫人と離婚したのだろうかと思いますが、その誤解はすぐに解けます。「の息子である団野村氏（51）」と続くからです。しかし、団野村氏であっても17歳の年の差結婚です。野村元監督ほどではありませんが、ずいぶん年の離れた相手を選んだなあと思います。

　ところが、「が代表を務めるマネジメント会社『KDNスポーツジャパン』に勤務する内田康貴氏（26）。」という続きが目に入り、それも誤解であったことがわかります。そして、句点「。」で終わることで、與芝アナウンサーは8歳年下の男性のハートを射とめたことがわかるわけです。

　媒体がスポーツ紙ですので、おそらくこうした語順は狙ってやったのだろうと思います。ミステリー小説がその典型ですが、誤解を与えながらそれを修正していく手法はジャンルによっては有効です。しかし、正確さをむねとする論文には不向きです。

　もし上記の新聞記事が論文であれば、面白味には欠けますが、與芝アナウンサーの結婚相手が内田康貴氏であることをまず示し、その内田康貴氏の勤務先が、野村元監督の息子である団野村氏が代表を務めるマネジメント会社であることを示すのが常識的な情報の提示順序でしょう。

「は」と「が」の使い分け

　助詞の「は」と「が」の使い分けは、話し言葉まで含めると非常に複雑ですが、論文で憶えておくポイントは単純です。「が」は直後の述語にかかり、節のなかに収まる傾向が強いのにたいし、「は」は直後の動詞を飛び越え、遠く文末の述語にかかる傾向が強いということです。その点をつぎの例で考えてみましょう。

2日の東西新聞社の記事によれば、もみじフィナンシャル・グループが経営不振に陥っているネット証券大手銀杏証券への大規模な出資や買収を検討しているという。

　文の最後まで読めば誤解はありませんが、「もみじフィナンシャル・グループが経営不振に陥っている」まで読むと、経営不振に陥っているのは、もみじフィナンシャル・グループに見えます。ところが、その直後に「ネット証券大手銀杏証券」という名詞が出てくることで、「経営不振に陥っているネット証券大手銀杏証券」という連体修飾節であることがわかり、経営不振に陥っているのは銀杏証券で、もみじフィナンシャル・グループはその銀杏証券への大規模な出資や買収を検討していることがわかります。

　このような試行錯誤を要求するのは読者にとって負担です。そこで、直後の述語にかかっているように見せる「もみじフィナンシャル・グループが」の「が」を「は」に変えて、直後の述語を飛び越えることを示せば、そうした誤解はなくなり、読者の負担が軽くなります。

練　習　14

　つぎの文は意味が取りにくい文です。意味が取りやすくなるように直してください。

　大通りに出て案内表示を探したり、コンビニエンスストアやガソリンスタンドに入って道を尋ねるなどして、車を運転する男性ドライバーは、道行く若い女性に行き先を尋ねるという行為は犯罪につながると見なされるおそれがあるため、避けたほうがよい。

第15課

あいまいさを含む文

課 題 15

つぎの文のどこがあいまいか、指摘してください。

　日本語の人称代名詞の最大の特徴は、ほかの言語にくらべて圧倒的にその数が多いということである。

言葉に潜むあいまいさ

　学生たちの論文を読んでいると、ぼんやりしていてどう理解してよいかわからない文があります。たとえば、つぎの文はどう理解したらよいでしょうか。

> ドイツのサッカー文化を論じるさいにはさまざまな観点がある。

　もちろん、ドイツのサッカー文化を論じる観点はいろいろあるだろうと思います。しかし、「さまざまな観点がある」と言っても、具体的にどのような種類があるかを言わなければ、何も言っていないのと同じです。「いろいろな」「さまざまな」「多様な」の単独使用は、論文では控えたほうが賢明です。使う場合は、かならず具体例をいくつか添えてください。

　話し言葉はぼかす表現の宝庫です。

> 「お金とかないときは、親に頼んだりしてさ。『お願い。カバンとか買って！』みたいな。」

「お金とかない」「カバンとか買って」の「とか」は、お金以外にないものがあったり、カバン以外に買ってほしいものがあるわけではありません。「頼んだりして」も、頼む以外のことをしているわけではありませんし、「みたいな」も例を挙げるときのぼかした表現です。

このように、会話は相手との言葉のキャッチボールなので、断定しないで含みを残すのが原則です。断定してしまうと聞き手のとりつく島がなくなり、キャッチボールにならないからです。

しかし、論文は含みを残さず断定するのが原則です。会話とは異なり、書き手が考えていることへの読み手のフォローは期待できず、自分の言葉には自分で責任を持つことが求められているからです。

研究は、「とか」「たり」「など」を排し、挙げられるものはすべて挙げて調べる姿勢から生まれます。「とか」「たり」「など」をつけたとたんに、思考はそれ以上具体例を挙げることをやめ、停止します。その結果、面白い例外を見のがすことも起こりうるのです。

第8課で見た文末表現も同じです。「であろう」「かもしれない」「ようだ」は使わざるをえないこともありますが、使わないで済むならそれにこしたことはありません。

とくに「かもしれない」は、エッセイのようなジャンルでは押しつけがましくない効果を発揮しますが、論文で使うと言い訳めいて聞こえるおそれもあるので、できるだけ避けたほうがよいでしょう。

あいまいさと品詞の関わり

論文は名詞で書き（第13章第12課参照）、動詞で展開させる（第12章第7課参照）ものです。形容詞、とくに喜怒哀楽に関わる感情形容詞はあまり使われません。

しかし、「長い／短い」「深い／浅い」「重い／軽い」といった、事物が備

えている性質を表す属性形容詞はしばしば使われます。とくによく使われるのが数量を表す「多い／少ない」、規模を表す「大きい／小さい」、数値を表す「高い／低い」でしょう。論文では数を問題にすることが多く、そうした数を描写するのに使いやすい形容詞だからです。

　ところが、形容詞を論文に使う場合、大きな問題があります。形容詞が程度を伴うからです。「多い」と一口に言っても、非常に多いというレベルから、多めというレベルまであります。

　たとえば、

日本に住んでいる外国人の数は多い。

という文を考えてみましょう。この文は論文で単独では使わず、

事実、法務省の統計によれば、外国人登録者数は2010年末現在で213万人である。

という正確な数字を含む文とセットで示す必要があります。

　おそらく、213万人という絶対数を見て多いなあと思った人もいるでしょうし、日本全体の人口から考えて少ないなあと思った人もいるでしょう。このように「多い」というのは相対的で主観的なのです。

ちなみに、形容詞を否定表現にするとさらにあいまいさが広がります。「多い」ではなく「少なくない」とすると、「多い」と「多くも少なくもない」の両方を含むようになるからです。第9課で見た二重否定もあいまい性を生みだす原因になりますが、形容詞の否定にも注意が必要です。

　動詞で気をつけたほうがよいのは、変化の動詞と相違の動詞です。「変わった」「変化した」と言った場合、どう変わったのかが必要ですし、「違っている」「異なっている」と言った場合、どう違うかを示す必要があります。

> ハイブリッド車の登場をきっかけに、自動車を購入するさいのユーザーの選択の基準が大きく変わった。

　上記の例文では「選択の基準がパワーからエコへと大きく変わった」のように、どう変わったかを示さないと、読み手は何か情報が欠けているような、物足りない感じを抱くでしょう。

　名詞で気をつけたほうがよいのは、内容を必要とする名詞です。つぎの文では、「一部の地域」はどこの地域なのかが気になります。

> 「自分」は通常一人称であるが、一部の地域では二人称として使われることがある。

　これは、おそらく吉本興業の芸人たちがよく使う「自分」のことで、近畿地方の一部で使われています。しかし、それでも「一部」が出てきてしまうので、「大阪・神戸とその近郊」と示すとより正確になります。

　こうしたあいまい文は問題も多いのですが、文章展開を生みだすレトリックとしても使えます。

> 現在製造業で働いている労働者は、日々厳しい現実にさらされている。単純労働では、労働賃金の安い発展途上国には勝てないので、より高い専門的知識・技術が要求され、その知識・技術を時代に合わせてつねにみがく努力をしなければ、解雇されてしまうのである。

　1文めは「厳しい現実」とは何かがわからないあいまい文ですが、あいまいな部分が明確なので、その部分が焦点化されます。その流れで2文めを読んでいくと、「厳しい現実」とはこういうことか、とわかるしかけになっているわけです。

　では、以上を踏まえて冒頭の課題15を考えてみましょう。

> 日本語の人称代名詞の最大の特徴は、ほかの言語にくらべて圧倒的にその数が多いということである。

　気になるのは「最大」「ほかの言語」「圧倒的にその数が多い」の3点です。
　まず、「最大」ですが、何と比較して最大と判断したかがわからないと、最大かどうかがわかりません。そのためには日本語の人称代名詞にはほかにどんな特徴があるかを挙げ、その特徴がここで指摘されている特徴にくらべて小さいものであるということを明示的に説明しなければなりません。
　その説明が困難なら、「大きな」くらいに留めておくのが賢明でしょう。

　また、「ほかの言語」という場合、「ほかのすべての言語」ではないでしょう。すべての言語を知っている人はこの地上には存在しないからです。書き手はおそらく自分の知っている言語と比較したのでしょうから、どの言語と比較したのかを具体的に挙げる必要があります。「英語やドイツ語にくらべて」であれば正確な表現です。

さらに、「圧倒的に数が多い」というのも説明するのが大変です。しかし、煩をいとわずひたすら挙げていけばよいので、そこは辛抱のしどころです。一人称でいえば、私、僕、俺、あたし、わし、自分、うち、我が輩、小生、拙者などです。

　このようにたくさん挙げていくと、数自体は多いのですが、じつは自分自身が使っているものは、そのうちのいくつかしかなく、現在ではほとんど使われなくなったもの、年齢や性別によって使ったり使わなかったりするものがあることがわかります。正確に書こうとするほど、それだけ発見も多くなるのも、研究上の一つの効用です。

　以上を踏まえて、冒頭の課題 15 を直してみましょう。なお、「数」はより正確に「種類」としています。

　日本語の人称代名詞の大きな特徴は、英語やドイツ語にくらべ、「私」「僕」「俺」「あたし」「わし」「自分」「うち」「我が輩」「小生」「拙者」のように、その種類が多いということである。

練　習　15

　つぎの文のどこがあいまいかを指摘し、そのあいまいさをなくすために、適当な表現を加筆してください。

　日本語の語順と英語の語順は大きく異なっている。

第 15 章

明晰な文章展開

第 15 章の構成

　第 2 部では、第 14 章まではすべて 1 文内部の問題を扱ってきましたが、この第 15 章では、1 文を超える文章展開の問題を扱います。1 文を超える文章展開を考える場合に重要なのは、前後の文脈に意識を向けさせる表現で、対象は、指示詞、接続詞、予告と整理に関わる表現の三つです。

　第 16 課「指示詞の使い方」では、「こそあど」の使い方を考えます。「こそあど」と呼ばれるのは、「これ」「それ」「あれ」「どれ」のように、「こそあど」の四つがセットになっているからです。

　ただし、「どの」は指示詞ではなく不定詞であり、「あの」は文章の前後の内容を指す文脈指示としては使われません。ですから、論文の指示詞の使い分けを考える場合、「こ」と「そ」の違いがわかっていることが、まず重要です。

　また、「こ／そ」に続く形も、「これ」「この」「ここ」「こちら」「こうした」「このように」などさまざまで、その選択も重要です。

　第 16 課では、「こ／そ」および「こ／そ」に続く形の二つの使い分けをとおして、先行文脈あるいは後続文脈の何を指しているかが明確にわかり、かつ冗長<ruby>冗長<rt>じょうちょう</rt></ruby>にならないような指示詞の選択について考えます。

　第 17 課「接続詞の使い方」では、「しかし」「また」「たとえば」「したがって」など、論文によく出てくる接続詞を考えます。先行文脈の内容を

持ちこむ指示詞は、話題の連続性を示すのに役立つのにたいし、先行文脈の内容を踏まえて後続文脈の内容を予告する接続詞は、文章展開を示すのに役立ちます。とくに、論理性を重視する論文は接続詞の選択に気を配る必要があり、接続詞を追っていくだけで論理の大きな流れがわかるようになっていることが理想です。

第17課では、文章展開に応じて、どんなタイプの接続詞をどのタイミングで使ったらよいか。実際の論文でよく使われているものを厳選し、その用法と効果を考えます。

第18課「予告と整理」では、予告文と序列表現について扱います。論文では、言いたいことをさきに示す逆ピラミッド構造が目立ちます。そのような構造を支えるのは、後続文脈に枠をはめる予告文です。

予告文にはいくつかの型があって、後続文脈の展開の違いによって使い分けられます。また、予告文に後続する具体的な説明は、序列表現を使って要点を箇条書き的に示すのがふつうです。序列表現は、複雑な内容を格段にわかりやすく整理する働きがあるからです。

第18課では、まず、どのようなタイプの予告文で後続文脈の構成を予告し、つぎに、どのような序列表現を用いて後続の展開を整理して示すかについて考えます。

指示詞、接続詞、予告と整理に関わる表現、この三つが上手に使えるようになると、長く複雑な内容であっても、書き手自身が自分の書く内容を的確に管理できるようになります。そのことによって、読み手が誤解なく、かつスムーズに文章全体の構造を確実に理解できるようになることを、この第15章では目指します。

第16課 指示詞の使い方

課題 16

　つぎの文章で、文と文をつなぐのにもっともふさわしいものを {　} 内の三つのなかから一つ選んで丸をつけてください。φは省略を意味します。

　定年制度は、労働者がある一定の年齢に達したら、自動的に解雇することを認める制度である。①{ φ／これが／定年制度が } 日本で根づいた背景には、終身雇用の慣行があった。定年があっても、②{ φ／それに／その年齢に } 達するまでは安定して勤めつづけられるという安心感があったため、労働者はその後の生活設計を視野に入れた働き方ができたのである。

　しかし、現在、③{ φ／それが／終身雇用の慣行が } 崩壊しつつある。バブル崩壊後の日本経済の悪化に伴い、リストラの名のもとで、企業が中途解雇や早期退職などをおこなうことが日常化したからである。④{ φ／そこでは／日常化した状況では } 定年制度は年齢による強制解雇を認める制度としてのみ機能するようになる。

　⑤{ φ／そこで／そうした状況のなかで } 定年制度の見なおしを迫られた政府は、2006年、高年齢者雇用安定法を改正し、65歳までの雇用を図るよう企業に義務づけた。多くの企業は65歳までの定年延長や再雇用で⑥{ φ／それに／義務づけに } 対応したが、年金の財源も先細るなか、定年を控えた中高年労働者は⑦{ φ／それに／その生活に } 漠然とした不安を抱えている。

文脈指示の「こ」と「そ」の違い

　指示詞は魔法の言葉です。

　「これは本です。」のような文は、どの外国語を学んでも、最初の課に出てきます。なぜかというと、「これ」という言葉と指さす動作を組み合わせれば、「これください。」でケーキやハンバーガーから指輪や高級時計まで買えますし、ネイティブ・スピーカーに「これは何ですか。」と身の回りのあらゆるものを指さして聞いていけば、生活に必要な語彙を一通り知ることができるからです。このような指さす動作を伴う「これ」は現場指示と呼ばれ、その場の状況に応じて何でも指せる便利な言葉です。

　一方、文章で使われているのは、前後の内容を指示する文脈指示です。書き言葉ですので、指さすことはできませんが、「こ」と「そ」の適切な選択、「これ」「この考え方」「こうした方法」のような適切な組み合わせによって、指示する内容をきちんと特定できるようになっています。文脈指示は、繰り返すと長くなってしまって煩わしくなる一方、省略してしまうと何が入るかわからなくなってしまうときに有効で、文と文を効率よくつないでいくときに便利な表現です。

　文脈指示は「こ」「そ」のいずれかですが、論文で**先行文脈の内容をそのまま持ちこむのは「そ」**がふつうです。**「こ」を使うのは、以下の四つの**ような、特殊なニュアンスを加えるときと憶えておくとよいでしょう（庵2007）。

　一つめは、書き手が書いている**「今」「ここ」「私」と強く結びつけたい場合**です。たとえば、「ここで考えたいのは」の「ここ」は現在書いているまさにこの地点を指していますし、本書でよく使う表現である「この文は」は、今書いている文の直前・直後に位置しています。このような例は、文脈指示というより、むしろ現場指示に近いものでしょう。

二つめは、書き手が論文で書いている**中心的なテーマと強く結びつけたい場合**です。「家族愛こそがすべての愛の基礎にある。この信念を具現化するために、この作品は書かれたと言っても過言ではない。」の「この信念」「この作品」は「その信念」「その作品」で代用することは可能ですが、表現としての力は弱まります。

　三つめは、**比較的離れた表現を指したり、それまでの内容をまとめたりする場合**です。「このような考察を重ねることで初めて、世界の市場で軽自動車が急速に受け入れられた真の理由が見えてくるのである。」の「このような考察」は、それまでの長い考察をまとめる役割を果たします。

　四つめは、**後続文脈を指示する場合**です。あとから出てくるものを指すときは「そ」ではなく「こ」を使います。「高橋 (2010) はこう指摘している。{以下、引用部が続く}」の「こう」がそれに当たります。

文をなめらかにする指示詞・省略・繰り返し・言い換え

　文と文のつながりをなめらかにするのが論文における**指示詞**の役割です。しかし、指示詞があるからといって、かならずしもなめらかになるわけではありません。日本語の場合、**省略**が比較的自由にできますので、なくても済む文脈なら、ないのがもっともなめらかです。

　一方、指示詞は何でも指せるという性格のため、何を指しているかがあいまいになりがちです。よく、入試問題で「これ」が何を指しているのか答えなさい、などという問題が出題されるのも、何を指しているのかあいまいな指示詞が多いからでしょう。何を指しているかがはっきりしないときは、すでに出てきた名詞を**繰り返し**たり、文脈に合ったよりわかりやすい表現に**言い換え**たりするとよいでしょう。その点を、具体例をとおして確認してみましょう。

> 国家には自国のことを他国の意向に左右されずに決める権利がある。

この文のあとに続くのは、①〜④のどれがよいでしょうか。
　①主権である。
　②それが主権である。
　③その権利が主権である。
　④自国のことを自国で決める権利が主権である。

　①は省略、②の「それ」は指示詞、③の「その権利」は指示詞＋名詞、④の「自国のことを自国で決める権利」は繰り返し・言い換えです。①から④までどれも使える表現ですが、①だとあっさりしすぎで、③や④だとややくどい印象があります。ここでは②がもっとも適当でしょう。
　上記の場合は②が適当でしたが、そのときどきの文脈に合わせてこの4種類のなかからどれを選ぶかが、論文が正確で読みやすいものになるかどうかを決めるポイントです。冒頭の課題16で確認してみましょう。

> 定年制度は、労働者がある一定の年齢に達したら、自動的に解雇することを認める制度である。①{ φ／これが／定年制度が }日本で根づいた背景には、終身雇用の慣行があった。定年があっても、②{ φ／それに／その年齢に }達するまでは安定して勤めつづけられるという安心感があったため、労働者はその後の生活設計を視野に入れた働き方ができたのである。

　①は、省略を選ぶと、何が日本で根づくのか、その主語が不明確になりそうなので、主語はほしいところです。そうすると「これが」か「定年制度が」かのいずれかになりますが、まえの文との関係を明示しない「定年制度が」ではやや弱い印象があります。「これが」がよいと思います。

②は、「その年齢に」がよいでしょう。「定年があっても、達するまでは」という省略では何に達するかが不明確ですし、「それに」でも情報不足です。「その年齢」として初めて指している内容がはっきりします。

しかし、現在、③{ φ／それが／終身雇用の慣行が }崩壊しつつある。バブル崩壊後の日本経済の悪化に伴い、リストラの名のもとで、企業が中途解雇や早期退職などをおこなうことが日常化したからである。④{ φ／そこでは／日常化した状況では }定年制度は年齢による強制解雇を認める制度としてのみ機能するようになる。

---

③は、指示詞「それが」が正解です。新しい段落に入りますし、省略では主語が何かわからないので、詳しく「終身雇用の慣行が」としたくなります。しかし、ここで書き手が問題にしているのは「終身雇用の慣行」ではなく「定年制度」です。したがって、終身雇用の慣行を踏まえつつ、定年制度を指していることがわかる「それが」を選ぶのがよいでしょう。

④もまた、指示詞「そこでは」が正解です。「そこ」という漠然とした指示詞を使うことでかえって内容が伝わります。もし正確に表現するのであれば、「企業による中途解雇や早期退職が日常化した状況では」となりますが、かえって冗長で文章の流れをつかみそこねてしまいそうです。

---

⑤{ φ／そこで／そうした状況のなかで }定年制度の見なおしを迫られた政府は、2006年、高年齢者雇用安定法を改正し、65歳までの雇用を図るよう企業に義務づけた。多くの企業は65歳までの定年延長や再雇用で⑥{ φ／それに／義務づけに }対応したが、年金の財源も先細るなか、定年を控えた中高年労働者は⑦{ φ／それに／その生活に }漠然とした不安を抱えている。

⑤は「そうした状況のなかで」がよいでしょう。省略では先行文脈と断絶してしまいますし、「そこで」も何を指しているのか、はっきりしません。もし接続詞として使うのであれば、「そこで、政府は」のように、「定年制度の見なおしを迫られた」という連体修飾節がないほうが自然です。

⑥は「それに」がもっとも意味が明確になると思います。ただ、述語が「対応する」なので、何かに対応することがすぐにわかり、省略されていてもすぐに復元できるので、省略（φ）を選んでも正解です。

⑦は省略（φ）が一番しっくりきそうです。「それに」「その生活に」としてしまうと、指す候補がありすぎて読むほうが戸惑います。
　指示詞を使うと、指示された内容をいちいち考えなければならなくなるので、指す対象が複数考えられる場合、「それ」って何だろう、「その生活」って何だろうと疑問を誘発してしまい、やぶ蛇になるおそれがあります。そうした状況では、省略しても支障がなければ、省略してしまったほうが賢明です。

■表15　指す表現の選択の基準

指す表現	前とのつながり	具体性
省略	中間	なし
指示詞	強い	低い
指示詞＋名詞	強い	高い
修飾語＋名詞	弱い	非常に高い

　指す表現をまとめると、上の表15のようになります。
　先行文脈とのつながりで言えば、まえの内容と連続性の高いものであれば指示詞を含むものがよく、話題を転換する場合など、連続性を下げたい場合には指示詞を含まない表現が有効です。

また、指している対象が限定的で明確なら、具体性の低い省略や指示詞がよく、反対に、指している対象がわかりにくく、明確にする必要があるなら、具体性の高い「指示詞＋名詞」「修飾語＋名詞」がよいでしょう。

練　習　16

　つぎの文章のなかで、文と文をつなぐのにもっともふさわしいものを{　}から一つ選んで丸をつけてください。φは省略を意味します。

　長期雇用慣行、年功序列賃金によって支えられた日本型雇用システムは、高度経済成長期には有効に機能した。ところが、バブル崩壊後の長期低迷期に入ると、企業にとって①{ φ／それが／日本型雇用システムが }逆に大きな足かせとなった。

　②{ φ／この時期は／長期低迷期は }、高度経済成長期およびその後の安定期の経済成長を支えた団塊の世代が定年期に差しかかる直前に当たっていた。企業としては、高い給与を得ていたこの世代を早期退職させたいというのが本音だったが、日本的雇用慣行からそれが困難であった。そのため、多くの企業では③{ φ／そのかわりに／早期退職のかわりに }若年世代の正規雇用を最小限に留め、④{ φ／そのぶんを／正規雇用のぶんを }非正規雇用労働者で代用するという手段を選択した。⑤{ φ／結果／その結果 }2000年代の若年世代の雇用と賃金が不安定なものになった。

　現在では団塊の世代の定年退職が進行しており、⑥{ φ／そのことによって／団塊の世代の定年退職によって }正規雇用市場は回復の兆しを見せている。しかし、失われた10年に翻弄され、⑦{ φ／その期間を／失われた10年を }フリーターなど不安定な雇用形態で過ごさざるをえなかった世代は正規雇用されることが難しく、未婚の男性を中心に、⑧{ φ／その世代にたいする／団塊の世代にたいする }不信感は根強いものがある。

第17課

接続詞の使い方

課 題 17

　つぎの文章が自然な展開になるように、必要な箇所（文頭）に適当な接続詞を入れてください。また、必要ならば文末も変えてください。

A　研究の目的は、私たちが抱えているさまざまな問題の本質を明らかにし、その解決方法を提示することである。研究がいくら進んでも、私たちが日々の生活で直面する問題がすべて解決されるわけではない。それはなぜなのだろうか。

B　もちろん、問題の本質が複雑で解決の糸口が見いだせないという研究自体に内在する限界もある。ある解決方法が見つかったとしても、それが実践されなければ現実世界の問題は解決されない。当事者が実行に移す意思がなければ、あるいは予算などの諸条件が整わなければ、問題はけっしてなくならない。

C　実行に移す過程で新たな問題が出現し、解決が阻まれることも少なくない。新たな研究が必要になる状況が生じることもある。

D　現実世界が抱えている問題が研究を必要とし、研究はその成果が現実社会で実践されることで初めて問題の解決が可能になる。研究と、現実社会での実践は対立するものではなく、いわば車の両輪のような表裏一体のものとしてとらえる必要がある。

論文の5大接続詞

　接続詞は、文の先頭にあって、先行文脈と後続文脈の関係を示すものです。書き手の立場からすれば、文章の流れを紡いで整理していくのに役に立ちますし、読み手の立場からすれば、それまでの内容を受けて、後続文脈の展開を予告してくれますので、読み取りの負担が軽くなります。

　以前、私は、『一橋論叢』という社会科学系の月刊雑誌1年分の論文の接続詞を調査したことがあります（石黒ほか2009）。そのときの出現頻度のランキングを載せておくことにしましょう。

■表16　論文における接続詞の出現頻度

順位	接続詞	出現頻度	順位	接続詞	出現頻度
1	しかし	700	6	つまり	195
2	また	488	7	すなわち	194
3	そして	305	8	したがって	189
4	さらに	233	9	まず	155
5	たとえば	204	10	そこで	113

　この表からは、逆接の「しかし」が圧倒的に多く、ついで、並列の「また」「そして」「さらに」、例示の「たとえば」、言い換えの「つまり」「すなわち」、まとめの「したがって」と続くことがわかります。

　①逆接、②並列、③例示、④言い換え、⑤まとめの五つを論文の5大接続詞と考え、検討していくことにしましょう。

　①逆接の接続詞「しかし」が多いのは、自説を効果的に導入するきっかけを作りやすいからです。

たとえば、先行研究を示すときには、

> この分野の先行研究には○○、××などがある。<u>しかし</u>、△△をくわしく論じた研究はない。<u>そこで</u>、本稿では△△について論じることにする。

といった流れが見られ、また、分析方法を示すときには、

> 現象Aの分析にはBという理論が一般に用いられる。<u>しかし</u>、Bでは、現象Cはとらえきれない。<u>では</u>、どのような理論が有効なのだろうか。

といった導入が好まれます。つまり、よく知られている先行研究や、常識となっている見方を紹介し、それを「しかし」でいったん否定して、「そこで」や「では」を挟んで、自説を導入するきっかけを作るのです。

　逆接の接続詞は、「しかし」以外でも「だが」「ただし」「しかしながら」などがよく用いられます。

　②並列の接続詞「また」「そして」「さらに」は、複数の項目を列挙するときに使われ、長くて複雑な内容を整理するときに便利です。とくに、段落の冒頭に現れ、話の大きなまとまりをくくるときは欠かせません。

　第18課「予告と整理」で見るように、「まず」や「第一に」を箇条書きの(1)に相当するものとして、「つぎに」や「第二に」を(2)に相当するものとして使いますが、「また」「そして」「さらに」は、(2)でも(3)でも(4)でも使うことが可能です。「また」は、二番目以降に出てくるものなら何でも対等につなげられ、文脈を問わず使いやすいものです。「そして」は、列挙がいくつかあるときの最後に来るもの、あるいは重要なものに使われます。「さらに」は三つ以上あるときに「こんなものまである」とたたみかけたり駄目を押したりするときによく現れるものです。

似たような内容を列挙するときには「また」「そして」「さらに」がその中心ですが、対立する内容を列挙するときには対比の「一方」「他方」もよく使われます。

　③**例示の接続詞**「たとえば」や④**言い換え**の「つまり」「すなわち」は、読み手が理解しやすくなる目的で使われます。

　論文の場合、どうしても1文1文の内容が抽象的になったり、難解になったりします。抽象的な文の場合は、「たとえば」によって具体例を導入することで、読み手にわかりやすい文になります。また、専門用語などを含む難解な文の場合には、「つまり」や「すなわち」を使って言い換えることで、読み手に身近なやさしい文にすることが可能です。

　⑤**まとめの接続詞**「したがって」はそれまで述べてきた内容を踏まえて、結論を述べるときに使われます。「このように」「こうして」「ゆえに」なども比較的よく使われます。「だから」「なので」のような話し言葉的な接続詞はあまり使いませんので、注意してください。

注目したい接続詞

　最後に、重要な接続詞を二つ挙げておきます。一つは、ランキング10位に位置する「そこで」、もう一つは「では／それでは」です。

　「**そこで**」は、「しかし」のところで見たように、研究が行きづまってしまったように見えるとき、その有力な解決策を提示するときに使います。自説を導入するときに使うと高い効果を発揮する接続詞です。

　「**では／それでは**」も、「しかし」のところで示したように、前提となる話を終え、いよいよ本題に入り、論文の核心となる問いを導入するときに使います。読み手に論文全体のテーマをはっきりと意識してほしいときに

使うと有効な接続詞です。

　この二つは、頻度こそ、さほど高くはありませんが、論文を書いていて「ここぞ」というとき、一度は使いたくなる重要な接続詞です。

　それともう一つ注意したいのが、日本語の場合、接続詞は、文頭にだけ出現するわけではないということです。じつは、**文末の接続詞**とでもいうべきものがあります（石黒2008）。論文では「のである」「からである」「ことになる」の三つがよく使われます。

　「のである」は、**先行文脈の言い換えやまとめを示す**のに使います。段落の終わりで使うと、段落全体の内容を要約して示す働きがあります。
　私自身は、「のである」は「認識の上書き保存」と考えています。ここまで読んでもらえれば、言いたいことが十分に伝わるはずと書き手が考えたときに「のである」をつけ、読み手の認識を更新しようとするわけです。

　「からである」は**理由を示す**ときに使います。理由は、文頭の「なぜなら」で表すと思われがちですが、日本語では文末の「からである」で表すのが基本です。読み手が強く理由を知りたいと思われるときにだけ、文末の「からである」に、さらに文頭の「なぜなら」を添えて表します。

　「ことになる」も論を進めるということを考えるうえで欠かせない文末の接続詞で、**結果や帰結**を表します。ある事態が起こった結果、別の出来事が起こるという事態の帰結にも使いますし、ある条件のもとで思考を進めた結果、こうした結論に至るという論理の帰結にもなります。
　読み手は文頭の接続詞で文章の流れを把握する一方、文末を頼りに書き手の言いたいことを探りますので、文頭だけでなく文末にも気を配る必要があります。

接続詞の実際の使い方

　課題17を例に、接続詞の使い方を考えてみましょう。第1段落（A）です。

> 研究の目的は、私たちが抱えているさまざまな問題の本質を明らかに
> し、その解決方法を提示することである。しかし、研究がいくら進ん
> でも、私たちが日々の生活で直面する問題がすべて解決されるわけで
> はない。それはなぜなのだろうか。

　「しかし」を入れてみました。ここでは、矛盾する内容を提示したうえで、
問題を投げかける流れになっています。「しかし」がないと、矛盾する内容
であることがわからず、読み手に唐突な印象を与えますので、逆接の接続
詞が必要なところでしょう。

> もちろん、問題の本質が複雑で解決の糸口が見いだせないという研究
> 自体に内在する限界もある。だが、ある解決方法が見つかったとして
> も、それが実践されなければ現実世界の問題は解決されない。当事者
> が実行に移す意思がなければ、あるいは予算などの諸条件が整わなけ
> れば、問題はけっしてなくならないのである。

　第1段落で「しかし」を使ったので、第2段落（B）には「だが」を入れて
みました。ここは「しかし」でもかまいません。直前が「もちろん」を含む
譲歩の文なので、逆接の接続詞がほしいところです。前後が対比的な関係
にあることに着目して「一方」「他方」を入れてもよいでしょう。
　また、段落の終わりの文に「のである」を入れてみました。この文がま
えの文の言い換えであり、段落全体のまとめであることを示すためです。

また、実行に移す過程で新たな問題が出現し、解決が阻まれることも少なくない。その結果、新たな研究が必要になる状況が生じることもある。

　第3段落（C）は、第2段落と対等な関係にある内容で、二つのことを並べる列挙になっています。この点は「解決が阻まれることも」の「も」にも表れていますが、それを明示するために文頭に「また」がほしいところでしょう。また、2文めは1文めの帰結なので、やはり文頭に「その結果」を加えてみました。

　現実世界が抱えている問題が研究を必要とし、研究はその成果が現実社会で実践されることで初めて問題の解決が可能になる。そのため、研究と、現実社会での実践は対立するものではなく、いわば車の両輪のような表裏一体のものとしてとらえる必要がある。

　最終段落（D）では、2文めに「そのため」を入れました。この文は文章全体の終わりに位置し、まとめに当たる文です。そのことを明確に読み手に伝える意味でも、接続詞がほしいところです。

つぎの文章が自然な展開になるように、必要な箇所に適当な接続詞を入れてください。必要ならば文末も変えてください。

心理学の世界では、7という数字がよく知られている。1956年に、ジョージ・ミラーという心理学者が直接記憶に留めておける要素の数は、7前後であるという説を発表した。7という数字は、ミラーの論文のタイトルから magical number 7 ± 2 として知られ、多くの分野で応用された。直接記憶は短期記憶のことで、現在では作動記憶と呼ばれることが多い。

私たちがメモなしで電話番号を憶えていようとした場合、どのようにするだろうか。頭のなかで七つ前後の数字を反復しつづけるのではないか。045が横浜の市外局番であることはすでに長期記憶に入っている。そのあとに続く七桁をともかく頭に入れる。

090のような携帯の番号だと、そのあとに続くのは八桁である。八桁だと記憶への負担はさらに増え、頭から抜け落ちてしまう可能性が高まる。

自分の家の電話番号のように長期記憶に移せた情報であれば、簡単に復元でき、忘れることもない。長期記憶の助けが借りられない、すなわち脈絡のない情報の処理は、人間は案外小さなキャパシティしかない。そのことに気づかせてくれたのがミラーの説である。

研究が進むにつれて、数字は七つ前後憶えられても、それより種類が多い文字は六つ前後、語になると五つ前後、語の意味的なまとまりであるチャンクであれば四つ前後しか処理できないということがわかってきた。この数自体は条件によって揺れがあり、ミラーの説が現在でも大きな影響力を持っていることは疑いない。

予　告　と　整　理

つぎの文章の意味が取りやすくなるように、**冒頭に1文加えてください。**

　まず、こまめに顔を洗うことである。目や鼻のまわりをしっかり洗い流すようにする。また、コンタクトレンズは避け、メガネをかけることも意味がある。とくにゴーグルタイプを勧めたい。さらに、マスクをすることも重要である。できれば使い捨てを選んでほしい。

先行オーガナイザーとは

　オーガナイズ（organize）という言葉があります。日本語では「組織する」と訳されることが多い言葉です。「組織する」と言うと、なんだか仰々しい感じがしますが、英語で「片づけなさい。」と言うときに、このオーガナイズが使われます。「組織する」ではなく、「整理する」という意味で理解すれば、さほど難しくはないでしょう。

　文章理解の心理学で**先行オーガナイザー**（advance organizer）と呼ばれるものがあります（大村 2001）。後続の文章の内容を理解しやすいように、つぎに出てくる内容を予告する表現です。つまり、**これから述べる内容をあらかじめ整理**しておくわけです。この先行オーガナイザーを上手に使えるようになると、複雑な内容の文章を整理する技術が格段に向上します。

　たとえば、冒頭の課題 18 の文章を読んでも、何の話かぴんと来ません。この文章には、先行オーガナイザーが欠けているからです。そこで、「こ

こでは、効果的な花粉症対策について説明する。」という1文を入れてみます。すると、理解がずっとスムーズになるはずです。

　先行オーガナイザーは、後続の文章に枠をはめるような文です。要旨と言ってもよいでしょう。長い説明をするまえには要旨を冒頭に示すという習慣を身につけるだけで、文章の展開が論理的になりますし、読み手にとっても読みやすい文章になります。

　まとまった内容を整理して示すとき、つぎのようにすると効果的です。具体例を示しましょう。

　私たちは、書いている文章に出てくる語について、すべて漢字に直しているわけではない。常用漢字表に載っているものであっても、取捨選択して必要なものだけを漢字にしているのである。では、私たちが、ある語を漢字にし、ある語を平仮名にするときの書き分けの基準は何だろうか。

　第一の基準は、語種である。

　{中略}

　書き分けの第二の基準は、機能である。

　{中略}

　漢字と平仮名を書き分ける第三の基準は、慣用である。

　{後略}

　ここで大切なことは二つです。一つは、「では、私たちが、ある語を漢字にし、ある語を平仮名にするときの書き分けの基準は何だろうか。」という文を使って、後続の文章展開に枠をはめている点です。この文を**予告文**と呼ぶことにしましょう。

　もう一つは、予告文を受けて、「第一の基準は」「書き分けの第二の基準は」「漢字と平仮名を書き分ける第三の基準は」のように、「第一」「第二」「第三」という**序列表現**を使って列挙している点です。予告文と序列表現、

この二つが文章構造をオーガナイズするのに欠かせない表現です。

要旨を述べる予告文

　まず、予告文から詳しく見ていきましょう。予告文は四つの決まった文型が使われます。さきほど見た「ここでは、効果的な花粉症対策について説明する。」を参考に考えてみましょう。

●予告文4つの文型

❶ 説明予告型 ·····➤ ここでは、効果的な花粉症 対策 について説明する。

❷ 問題提起型 ·····➤ 効果的な花粉症 対策 にはどのようなものがあるだろうか。

❸ 存在宣言型 ·····➤ 効果的な花粉症 対策 には三つある。

❹ 位置予告型 ·····➤ 効果的な花粉症 対策 はつぎのとおりである。

　①「説明予告型」は、もっとも一般的なタイプです。「説明する」「示したい」「述べよう」など、伝達を示す動詞を使い、それを裸の形（終止形）のまま、あるいは「〜たい」「〜よう」をつけて示すのが基本です。

　また、本格的な議論に入るまえの前提を示すのなら、「あらかじめ確認しておく。」のような「〜ておく」形、関連する事柄にのちほど言及するのなら、「〜については、次節で取りあげることにする。」のような「〜ことにする」形、順を追って説明するのなら、「順次、考察していく。」のような「〜ていく」形がよく使われます。

　②「問題提起型」は、論文全体の問いを表すのに使われます。論文は、学術的に価値のある問いを立て、その答えを論証する営みですが、その研究上の問いを疑問文の形で表したものがこの問題提起型です。疑問文は1

本の論文のなかで何度も使うものではありません。論文の成立に欠かせない重要な問いに限って使うようにするのがポイントです。

③「**存在宣言型**」もよく用いられるもので、「ある」という存在動詞を中心に、「考えられる」「分けられる」「挙げられる」など動詞の可能形などが使われます。「三つある」のように数字とともに使うのがポイントです。いくつあるかが示してあれば、読者はその数字を手がかりに文章構造をつかむことができます。

④「**位置予告型**」では、「つぎのとおりである」を挙げておきましたが、「つぎのようになる」「つぎの場合である」「つぎのことが言える」なども同様です。直後に短く整理した形で示す場合に好んで使われます。

また、位置を示す言葉には「つぎ」のほか、「以下」「以降」「次節」「3節」などが使われます。

さらに、①説明予告型と組み合わせた「つぎに述べる」「次節で説明する」や、③存在宣言型と組み合わせた「つぎの三つである」「つぎの2点にまとめられる」のようなものが見られるのも、位置予告型の特徴です。

さて、この四つのタイプの予告文には共通していることがあります。それは、「効果的な花粉症対策」という言葉を含んでいる点です。ここで重要なのは「対策」です。予告文には、**論文で問題にしたい話題を二字漢語で表す**傾向があります。次ページの表17に、予告文でよく使われている二字漢語のリストを挙げておきましたので、参考にしてください。

これら予告文の二字漢語に共通しているのは、「どんな理由？」「どんな意見？」など、**その内容を「どんな」で広げられるような名詞である**という点です。こうした名詞は予告文の柱となるものですので、その選択には慎重になる必要があります。

■表 17　予告文の柱となる二字漢語の例

二字漢語の種類	名詞の例
「理由」の仲間	「理由」「原因」「根拠」「基準」
「意見」の仲間	「意見」「主張」「批判」「指摘」
「問題」の仲間	「問題」「課題」「疑問」「仮説」
「方法」の仲間	「方法」「対策」「手段」「戦略」
「特徴」の仲間	「特徴」「特色」「性格」「側面」
「要点」の仲間	「要点」「論点」「概要」「概略」

整理を担う序列表現

　予告文とともに重要なのは、予告文を受けて、「第一」「第二」「第三」と広げる序列表現です。

　この序列表現を上手に使うためには、気をつけなければならないポイントが二つあります。

　一つは、「第一は」「第二は」とせずに、さきほど示した**二字漢語を入れ、「第一の理由は」「第二の理由は」「第三の理由は」とすること**です。こうするだけでも読みやすさが格段に違います。

　189ページに示した「漢字と平仮名の書き分けの基準」の例では、おやっと思われた方もいたかもしれません。「第一の基準」「書き分けの第二の基準」「漢字と平仮名を書き分ける第三の基準」と、うしろにいくほど長くなっていたからです。

　このようにした理由は、序列表現のあいだに入る、それぞれの基準の説明が長い場合、読み手が基準の説明を読んでいるうちに、「何の基準だったっけ?」と忘れてしまうおそれがあるからです。

予告文の直後にある「第一」は、シンプルな形でも読み手は正確に理解できますが、予告文と離れている序列表現の場合は、読み手の理解を促進する言葉を加えて詳しくしておかないと、読み手が記憶をたどりにくくなり、文章全体の構造化が難しくなります。

　序列表現の使い方に関わるもう一つのポイントは、**列挙されたものの内容に一貫性があるかどうか、確認すること**です。表現はきちんとしているのに、並べられたものの類似点がわかりにくいレポートにしばしば出会います。

囲碁と将棋の共通点は何か。ここでは、4点挙げてみたい。

一つめは、囲碁も将棋も2人制のゲームであるという点である。

{中略}

二つめは、囲碁も将棋も定石（定跡）があるという点である。

{中略}

三つめは、囲碁も将棋も多くの文人に愛されたという点である。

{中略}

四つめは、プロ棋士に女流棋士が存在する点である。

{後略}

　ここで挙げられている4点は、たしかにいずれも囲碁と将棋の共通点ですが、そこには一貫性がなく、観点も内容もばらばらです。

　なぜこういうことが起きるかというと、何を目的として4点を挙げているのか、その基準がはっきりしていないからです。「なぜ囲碁と将棋が、日本の伝統的なボードゲームとして江戸時代に人々のあいだに普及・定着し、今日まで根強い人気を保ちつづけているのか。」という問題意識が書き手にあれば、「囲碁と将棋の共通点」として選ばれる内容は自然と一貫してくるでしょう。

【　】に入れるのに適当な内容の文を考えてください。

　蝶と蛾を厳密に区別することは不可能である。【　①　】

　【　②　】たしかに、蝶の羽は原色に彩られた派手で明るい色をし、蛾の羽は目立たないような地味で暗い色をしている印象はある。しかし、茶色系統の地味な羽の色をした蝶もいるし、人目を引くような鮮やかな羽の色をした蛾もいるので、その区別は絶対的な基準にはならない。

　【　③　】なるほど、蝶は羽を閉じて止まり、蛾は羽を開いて止まる傾向はある。しかし、蝶が羽を開いたまま止まっているのを見る機会も少なくない。そう考えると、この区別はいつも成り立つわけではないことがわかる。

　【　④　】しかし、蛾が鱗粉をまき散らしながら飛んでいるわけでもないし、蝶の羽を持つと手に鱗粉がついてくる。これもまた、相対的な違いにすぎず、区別の根拠にするのは難しい。

　【　⑤　】蛾には、蜂と見間違えるような立派な胴体をしたものがいるし、アンテナのような触角を持ったものもいる。だが、胴体や触覚が細い蛾もいないわけではなく、この観点も蛾と蝶の区別の決定的な基準にはなりえない。

　生物学的には明確な違いはなく、昼間に元気に飛び回っている一部のものが蝶、夜行性のものを中心とした、蝶以外のものが蛾という便宜上の区別に過ぎない。しかし、私たちが上記のような観点を持ち、野菜と果物を区別するように、直感的に蝶と蛾を区別できるのは、思えば不思議なことである。

第16章

書き手の責任

第16章の構成

　論文を書くのは一見簡単なことのように思えます。誰にでもわかるようにきちんと順を追って説明するだけのことだからです。その簡単そうに見えることがじつはどれほど難しいことか。そのことは、第15章「明晰な文章展開」で実感されたと思います。

　しかし、難しいのは、きちんと順を追って説明することだけではありません。論文が事実を根拠にして主張するものである以上、事実と根拠の区別は重要ですし、論文がオリジナルな主張を求めるものである以上、自分自身の主張と他者の主張の区別も重要です。本章は、第2部「論文の表現」のまとめとして、「書き手の責任」について考えます。

　第19課「主張する」は、事実と主張の区別の重要性について考えます。事実を根拠にして主張をすることが論文の基本的な構造ですが、実際には、事実かどうかわからないことや、根拠になりえないことを根拠に主張してしまっているケースが少なくありません。しっかりとした根拠に立脚していない主張は説得力を持ちません。

　第19課では、事実と主張をはっきりと区別すると同時に、その区別を表現として明確に反映させる方法を考えます。

　第20課「引用する」は、自己と他者の事実や主張を区別し、他者の事実や意見を引用する方法について考えます。引用は、オリジナリティをはっ

第⑯章　書き手の責任

きりさせる必要のある論文で、いわば生命線のようなものです。引用をおこなうさいには、出典を明示する、引用の範囲を明確にするという２点がとりわけ重要です。そのことによって、どこまでが誰の手による知見で、どこからが自分自身の生みだした知見なのかが明確になるからです。

第20課では、自己の主張の範囲を明確なものにし、説得力を高める正確な引用の方法を考えます。

第21課「破綻を防ぐ」は、どのような表現に内容上の問題が出やすいのか、実際に書かれたレポートの分析をとおして考えます。論文の破綻は、証明不可能なことを主張したり、誤った事実を紹介したり、論理を飛躍させたりすることによって起こりがちです。また、動機や感想が論文に必須だという間違った認識を持っている人が多く、それが論文自体の評価を下げてしまったりします。

第21課では、論文とは何かという原点に立ち戻り、読まれる価値のある論文作成の方法を第２部の最後の課として考えます。

●論文の説得力をアップさせる方法

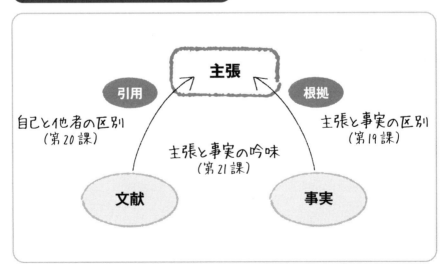

第19課 主 張 す る

 課 題 19

つぎの主張を 300 字程度で論証してください。

ペンギンは鳥である。

主張と事実の境界線

　まず、解答例から示しましょう。この解答例を頭に入れたうえで、その
あとに続く説明を読んでください。

　ペンギンは鳥である。
　ペンギンを一見鳥と考えにくいのは、空を飛べず、水のなかを泳ぐ
という事実があるからである。しかし、ペンギンは、空こそ飛べない
が、翼があり、羽毛があり、くちばしがある。これらはいずれも鳥類
が共通して持っている身体的特徴である。また、ペンギンが水のなか
を泳げるのは水鳥に共通する性質で、めずらしいことではない。
　ペンギンは恒温動物であり、体温を一定に保っている。この事実か
ら、ペンギンは鳥類・哺乳類のいずれかであると考えられる。しかし、
ペンギンが卵を産み、母乳を与えずに子どもを育てることから、哺乳
類ではなく鳥類であることがわかる。

　国語の時間に説明文と意見文の区別を習った人も多いと思います。説明
文は、知識が乏しい読み手に、難しい内容をわかりやすく整理して示して、

その内容をわかってもらう文章。意見文は、異なる主張を持った読み手に、自分の主張を根拠とともに提示して、主張を納得してもらう文章です。

　論文は意見文であり、欠かせないのは主張です。主張がない文章は、たんなる説明文であって、論文ではありません。

　主張は事実とは異なります。事実は人によらずに動かない内容、主張は人によって判断が分かれる内容です。「日本に死刑制度が存在する」は事実、「日本の死刑制度を廃止すべきである」は主張です。ですから、日本に死刑制度が存在することは主張できず、説明の対象にしかなりませんが、日本の死刑制度を廃止すべきという内容は、説明の対象ではなく、日本の死刑制度を存続・強化すべきと考える読み手を説得する主張です。

　じつは、事実と主張の境界線は微妙です。私たちが自明の事実と考えている内容も学者の手にかかれば主張になる可能性があります。たとえば、「日本語に主語がない」という説が三上章という言語学者によって唱えられてから（三上 1960）、「日本語に主語がある」という命題は事実から主張に変わり、論証すべき対象になりました。その結果、文法論における主語の概念が深まりを見せ、文の構造についての議論が活発になったのです。

　その意味で、常識と考えられている事実を疑い、先入観から自由になることは、論文を書く一つのきっかけになると考えられます。

主張を支える根拠の収集

　論文に必要なのは主張であり、主張に必要なのは根拠です。そして、根拠は事実でなくてはなりません。論文を書くときに最初にすべきことは**主張を決めること**、つぎにすべきことは**主張を支える根拠となる事実を集めてくること**です。

　ペンギンの例で言うと、根拠となる事実は以下のとおりです。

---

①ペンギンに翼があり、羽毛があり、くちばしがあること
②ペンギンが水鳥と共通する性質を有すること
③ペンギンが恒温動物であり、体温を一定に保っていること
④ペンギンが卵を産み、母乳を与えずに子どもを育てること

　根拠を挙げるときに気をつけなければならないのは、挙げられている根拠がほんとうに事実かどうか、そして、それぞれの根拠が主張を支えるものになっているかどうか、この2点を確認することです。

　実際の論文を読んでいると、しばしば根拠が事実でないもの、根拠と主張がじつは無関係のものが混入しています。それでは論証になりませんので、気をつけてください。

　また、根拠を集めてくるときのコツとして、主張を肯定する根拠だけでなく、対立する主張を否定する根拠に着眼する方法もあります。

　死刑廃止論の場合、「死刑宣告を受けた人が無罪である、いわゆるえん罪事件が存在する。」は主張を肯定するものですが、「死刑制度の存在が犯罪の抑止力にはならないというデータが存在する。」といった対立する立場の反論を否定するものもあるわけです。こうしたものの場合、「死刑制度の存在が犯罪の抑止力として働くという考え方もある。しかし、〜」という譲歩の文型を取ります。

ペンギンの例でも、「ペンギンを一見鳥と考えにくいのは、空を飛べず、水のなかを泳ぐという事実があるからである。しかし、〜」という譲歩の文型を使って、いったん対立する立場に立ち、それを否定する論理展開を取っています。

　なお、注意が必要なのは**挙例と比喩**です。これらはいずれも主張の根拠を示すためにではなく、わかりやすい説明のために使われるものです。
　例を挙げることと根拠を示すことはイコールではありません。例を挙げることで証明が可能なら、「哺乳類は卵を産む」という間違った主張も証明できてしまいます。「カモノハシという哺乳類は卵を産む」という例があるからです。しかし、これは例であり、例外でもあります。もし挙例を主張に結びつけたいのなら、例を多様な角度から多数挙げると同時に、例外の存在にも気を配る必要があります。

　また、比喩は論文では原則として使えません。「屋外の紫外線が強い日に日焼け止め対策をせずに外出することは危険である。それは、雨のなか傘を差さずに出かけるようなものである。」は、説明の一つの方法にすぎません。例を挙げる場合には主張とつながりがありますが、日焼け止め対策と傘とは関係があるようで、実際は何の関係もありません。
　比喩は論理ではなく感性やイメージに訴えるものです。その意味で、比喩は論文では禁じ手ですので気をつけてください。

練　習　19

つぎの主張を600字程度で論証してください。

トマトは野菜である。

第20課

引用する

　以下の文章で、どこまでが野田（2002）の引用かがわかるように、表現を調整してください。

　野田（2002:5-6）によれば、複文には、従属節と主節が対等に並んでいると考える考え方と、単文のなかの一部分が拡張して節になるという二つの考え方がある。後者の場合、文がさきに存在するので、主節という名称のかわりに主文という名称が採用される。文という単位を基準に考えると、後者の立場が有力になるが、節という単位を基準にした前者の立場のほうが日本語の実態に合う。事実、日本語の話し言葉を聞いていると、「きのう缶コーヒーが急に飲みたくなってさ、近所の自販機に行って500円玉入れたんだけど、釣り銭切れらしくって買えないもんだから、仕方なく返却レバー押したらさ、50円玉8枚と10円玉10枚がチャリンチャリンって続けざまに出てきやがって、むっちゃ腹立ったんだけど……」のように節が続いていくことがある。このような例では、単文の一部分が拡張して節になっているとは考えにくいからである。

【参考文献】

野田尚史（2002）「1　単文・複文とテキスト」野田尚史・益岡隆志・佐久間まゆみ・田窪行則『日本語の文法4　複文と談話』岩波書店

第⑯章　書き手の責任

引用の目的

　論文を書く場合、文の質を考えるさいに重要なのは、事実と主張の区別です。しかし、もう一つ重要な区別があります。それは、**自己と他者の区別**です。

　論文にとって大切なことは、本書の最初で述べたように、ウソがないこと、オリジナルな主張があることです。事実と主張の区別が重要なのは、ウソがないようにするためです。動かしがたい事実を根拠に明確な主張ができていれば、ウソの入りこむ隙はありません。

　一方、自己と他者の区別が重要なのは、主張がオリジナルかどうかを明確にするためです。他者の主張をあたかも自己の主張のように示すことは、剽窃といって、研究の世界では大きなペナルティが科されることは、第1部第3章で示したとおりです。ですから、ここまでは他者の考え、ここからは私自身の考えという線をしっかり引く必要があります。

　ここまでは他者の考えであるということを明確にするには、引用を使います。引用は「引用というのは、誰かがすでに話したり書いたりしたことばを、二次的利用であることを明示しつつ、形態・内容ともできるかぎり忠実に再現したもの」（石黒 2011:294）と定義されます。

　引用は、自分の論文で、他者の発見した事実や他者が考えた主張を紹介することですが、紹介の目的は、自説を補強し、その評価を高めることです。具体的には、右図に挙げた四つがあります。

　①「**オリジナリティを高める**」は、論文で先行研究を紹介する部分でおこなわれる作業です。先行研究に敬意を表しつつも、その穴を探すことで、自説の独創性を主張する手がかりにします。

　②「**自説の根拠にする**」は、自分の集めてきたデータだけでなく、すでにほかの人が見つけてきてくれたデータや主張を自らの主張の根拠にするこ

とです。もちろん、自分でデータを集められることが理想ですが、個人のできることには限界がありますので、こうした手段が用いられることもあります。また、研究の方法を、すでになされた他者の研究から借りることもしばしばおこなわれます。

③「自説の応援団にする」は、いわば「虎の威を借る狐」戦略と言えるでしょう。すでに高い評価を得ている主張の延長線上に自分自身の主張が位置づけられる場合、説得力を持ちます。ただ、あまりやりすぎると、底の浅さを見透かされることにもつながります。

④「自説の仮想敵にする」は、応援団にするのとは反対のやり方です。すでに高い評価を得ている主張の問題点を指摘し、自分自身の研究でその問題点を克服できていることが主張できれば、その論文は高い評価を得られます。ただし、すでに高い評価を得ている主張はそれなりの理由があるわけで、その問題点を克服することは容易ではないでしょう。

●引用の四つの目的とメリット

❶ オリジナリティを高める	他者の主張から研究史を編み、そこで明らかになっていない部分を明確にすることで、自説のオリジナリティを高める。
❷ 自説の根拠にする	他者の事実や主張を根拠にして自己の主張を示すことで、自説の確かさを担保する。
❸ 自説の応援団にする	他者の主張を引き合いに出して、それを自己の主張に援用することで、自己の主張を補強する。
❹ 自説の仮想敵にする	他者の主張を引き合いに出して、その問題点を指摘することで、自己の主張を補強する。

出典を明示する

　ここからは、引用の具体的な方法について考えることにします。引用をするとき、守らなければいけないルールはつぎの二つです。

●引用するときの二つのルール

❶ 出典を明示する　　　⟶　誰の言葉かわかるように引用する

❷ 引用の範囲を明確にする …⟶　どこからどこまでが引用か明確にする

　①「出典を明示する」は、「石黒（2011）によれば、〜という。」「石黒（2011）は〜と述べている。」「引用は『〜』と定義されます（石黒2011）。」のように示すのがふつうです。石黒（2011）というのは、石黒さんが2011年に公表した論文あるいは著書という意味で、巻末の参考文献に、その詳しい書誌情報を載せることが義務づけられています。

　最近、とくに著書のように参考文献の数が多い場合には、石黒圭（2011）のようにフルネームで載せることも多くなっています。石黒という名字の人が複数いた場合、どの石黒さんか、わからなくなってしまうからです。

　また、石黒さんが2011年に公表した二つの論文・著書を載せる必要が出てきた場合は、石黒（2011a）、石黒（2011b）のように区別するとよいでしょう。原文の引用があり、出典のページ数を明記する必要がある場合は、石黒（2011:294）や野田（2002:5-6）のように示します。前者は1ページの引用、後者は複数ページの引用です。なお、ページの頭文字のpを取って、石黒（2011:p.294）とすることもあり、複数ページにまたがる場合は野田（2002:pp.5-6）とします。ppはページの複数形（pages）です。

　たしか誰かがそのことについて〜と言っていたことは憶えているのだけれど、それが誰だったか、どこに載っていたか、忘れてしまったときは、ど

うすればよいのでしょうか。その場合は、必死になって出典を探すしかありません。**出典を明らかにせず引用する方法はない**からです。

　また、**引用で気をつけたいのは孫引き**、すなわち引用の引用です。Aという本に載っていたBという論文を、Aだけを見て引用するのは反則です。かならず、Bという論文を探してきて、そこから引用しなければなりません。AがBの内容をきちんと引用している場合はよいのですが、Bの内容を誤解したり端折ったりして引用している可能性もあり、内容に詳しい人が見るとBを見ていないことがたちどころにわかるからです。

　研究の世界では、そうした手抜きをする人は信用を失います。引用は初出に当たる習慣をつけてください。

引用の範囲を明確にする

　論文を読んでいて困るのは、**どこまでが他者の引用で、どこからが書き手本人の主張なのかがわからなくなること**です。

　引用元の表現をそのまま引用する直接引用の場合、「　」に入れて示します。「　」のなかは手を加えてはいけません。文意が変わらないからといって、語順を変えたり、平仮名を漢字にしたりするのはNGです。また、論文内の表記の統一を引用文にも適用する必要はありません。

　引用元の表現を加工して引用する間接引用の場合、「　」に入れてはいけません。間接引用では、引用の助詞「と」に「述べている」「言っている」「指摘している」「批判している」などの伝達動詞の「ている」をつけて表現するのがふつうです。引用の助詞「と」がある場合は、どこで引用が終わるかは明確になるのですが、間接引用は「　」がないため、どこから引用が始まったのかがわからなくなることがあります。

反対に、「石黒（2011）によれば」や「石黒（2011）で議論されているように」のような文では、どこから引用が始まったかはよくわかるのですが、このタイプの文は引用動詞なしで終わりますので、どこまでが引用なのかがはっきりしないことになります。課題20はそのような例です。

　この文章は、「文という単位を基準に考えると、後者の立場が有力になるが、節という単位を基準にした前者の立場のほうが日本語の実態に合う。」からが書き手自身の言葉なのですが、それがはっきりとはわからなかったと思います。それがわかるように直したのが下線部です。

野田（2002:5-6）によれば、複文には、従属節と主節が対等に並んでいると考える考え方と、単文のなかの一部分が拡張して節になるという二つの考え方がある<u>という</u>。後者の場合、文がさきに存在するので、主節という名称のかわりに主文という名称が採用される<u>と述べられている</u>。文という単位を基準に考えると、後者の立場が有力になるが、節という単位を基準にした前者の立場のほうが日本語の実態に合<u>うように思われる</u>。｛後略｝

　まず、「という」「と述べられている」という引用助詞＋伝達動詞を示すことで、どの部分が引用であるか示しました。また、次文の文末に「ように思われる」をつけ、この文が筆者の意見であることを明示しました。

　最後に、**伝達動詞を引用らしく見せる技術**を簡単に紹介します。一つは動詞を「ている」形にすること、もう一つは動詞を受身形にすることです（清水2010）。

　「する」「した」「している」のニュアンスの違い、「する」「される」のニュアンスの違いをうまく使えば、伝達動詞をはじめ、思考・分析・考察にかかわる動詞が自己のものか他者のものかを明確に区別して示せるようになります。ご自身でも使い方を工夫してみてください。

■表18　自己と他者を区別する表現のコツ

自己	他者
述べる （書き手がこれから述べる感じ）	**述べられる** （他者が述べた事実に言及する感じ）
述べた （書き手がすでに述べた感じ）	**述べている** （他者がすでに述べている感じ）
	述べられている （他者が述べた事実が存在する感じ）
	述べられた （他者が述べた事実を振りかえる感じ）

練習 20

　以下の文章で、どこからが夏目漱石自身の言葉かがわかるように、表現を調整してください。

　夏目漱石は、小説の執筆に集中できるようになった40代からは知名度が上がり、『朝日新聞』に連載された新聞小説は多くの人に読まれた。出版された著作の売れ行きも上々で、版を重ねていた。『朝日新聞』の社員としての定収入があり、本の印税も入り、さぞぜいたくな暮らしをしていたのだろう。しかし、現実の生活は借家住まいで子どもも多く、生活はけっして楽でなかった。本の売り上げに頼った生活をすると、次第に欲が出てきて、結果として作品の品位も下がる。理想としては本を売らず、書いたものを好きな人にただで分けてあげたいと思うが、自分は貧乏だからそれができない。夏目漱石は『文士の生活』という文章のなかでそう書いている。

第21課　破綻を防ぐ

課　題　21

つぎの文章で、論文としてふさわしくない部分を指摘してください。

　日本語は世界でも有数の難しい言語である。日本語は、基本語彙のカバー率が低く、実際の運用に必要な語彙数が、欧米の主要な言語や中国語・朝鮮語などより多くの語彙を憶えなければならないからである（玉村1987）。それでは、なぜ日本語は必要最小限の語彙でコミュニケーションができないのだろうか。それは、日本人の国民性として、相手の気持ちを尊重することを好むからだと考える。以下でそのことを論証する。

【参考文献】
玉村文郎（1987）『NAFL 日本語教師養成通信講座日本語の語彙・意味(1)』アルク

事実と主張をめぐるウソ

　いよいよ第２部「論文の表現」最後の課になりました。ここで扱うのは、論文に現れがちな馬脚です。

　研究というのは、問いつづける営みです（東谷2007）。思考を止めないことが研究にとって何よりも大切なことです。もちろん、論文を書くときには思考をいったん止めて、暫定的な結論を書きます。論文はいわば止めない思考の中間報告です。

　しかし、論文を書こうとするとき、最初から思考を止めてしまっている

人があまりにも多いことに私は危機感を抱いています。思考を止めるということは、書き手自身が持っている知識、いわゆる常識に頼ってしまい、それ以上深く考えないということです。取得しなければならない単位数が多すぎることの弊害かもしれませんが、もし自分がその場しのぎのもっともらしいことを書く機械になっていると感じている人がいたら、この課を読んで、自分なりの処方箋を考えてください。

第19課で学んだように、論文の根幹が、事実を根拠にして主張するところにあると考えると、ボロや馬脚の現れ方は以下の三つに整理されます。

●論文のほころびはここに出る！

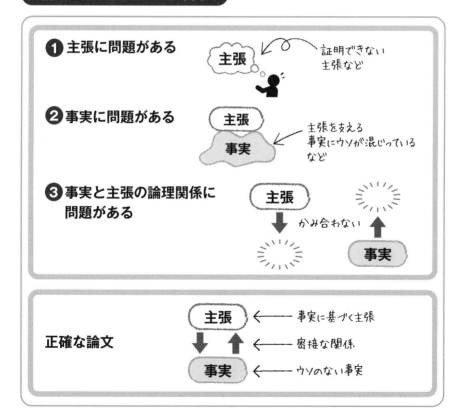

この課では、日本語について実際に書かれたレポートから例を抜きだし、209 ページの図の①から③まで順に説明していきます。

　まず、①「**主張に問題がある**」ですが、これはおおよそ証明が不可能と考えられるような主張を出すものが代表的です。たとえば、以下のような例です。

> 主語を表す二つの助詞「は」と「が」の選択には、日本語特有とも言える、相手の立場を尊重し、相手の理解を考えながら話すという性質が表れているのではないだろうか。「is」や「am」と率直に事実を述べるだけの文とは異なり、日本語の文には優しさのようなものがある。

　この文章の気持ちはわかりますが、学問的にはとうてい証明不可能です。原理的には、「相手の立場を尊重し、相手の理解を考えながら話す」ことが「日本語特有」のことだと言うためには、世界のすべての言語について知っていなければならないからです。

　理屈で考えればわかりますが、「相手の立場を尊重し、相手の理解を考えながら話す」ことは汎言語的なことのはずです。そう考えないと、言語の目的であるコミュニケーションが成り立たないからです。

　また、英語の「is」や「am」には優しさのようなものがなく、日本語にはあるということも証明不可能です。そもそも「優しさのようなもの」というのがどのようなものか定義が必要です。

　また、それを感じるためには、そうした語感を汲みとれるだけの言語能力がなければなりません。ネイティブ・スピーカーにとって自分の言語は優しく、外国語はえてして厳しく感じられるものです。言語にはそれぞれ、その言語なりの優しさがあるのではないでしょうか。

　①「主張に問題がある」で、もう一つ気をつけたいのが、「さまざまである」「多い」「傾向がある」などの**説明を端折る表現**です。

「さまざまである」は、一つ一つ例を挙げることが煩わしいときに使います。「多様である」「多岐にわたる」なども同様です。

　ここで勘違いしてはいけないのは、読み手にとって煩わしいときに使うのであって、書き手にとって煩わしいときに使うのではないということです。

　例を挙げにくいから、あるいは面倒だからという理由で「さまざまである」「多様である」「多岐にわたる」を使うと、議論に深みがなくなります。書き手が「さまざま」の具体例の広がりを十分に把握していないなら、その認識の浅さがかならず議論に出てしまうのです。

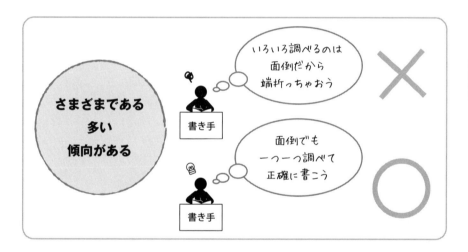

　「多い」「少なくない」「まれである」「傾向がある」「しやすい」といった量的な表現にも気をつけたいところです。論文でこれらの言葉を使いたくなったら、具体的にいくつなのか、あるいは全体の何％なのか、具体的な数値を調べ、それを添えて示すことが重要です。あるいは、第1部第4章で示したように、統計を使うのも有効です。

　単に「多い」「少なくない」だと、そこには書き手の主観が入りこむ余地が生まれてしまい、実際の数の多少にかかわらず書き手が多いと感じたという印象が一人歩きをしてしまいます。

つぎに、②「**事実に問題がある**」ですが、これは主張を支える事実にウソ が混じる場合です。以下は、日本語の一人称がいかに多様性に富んでいる かを示すために挙げられた例です。

> 　一人称はこのほか、関西人が使用する「自分」、主に男性老人が使う 「わし」などがあり、若い女性では自分の名前をそのまま一人称とし て用いる人もいる。

　ここで挙げられた三つの事柄がほんとうに事実かどうか、確認してみま しょう。

　まず、「自分」が一人称として使われるケースはたしかに増えており、警 官や自衛官に留まらず、若い男性が上司にたいして口にしているのをよく 耳にします。しかし、これが関西弁なのかどうかは疑問です。「あなた」す なわち二人称の意味で使う「自分」は関西弁と言ってもよいでしょうが、 一人称の「自分」は関西弁とは言えないでしょう。

　また、「わし」を男性老人が使うとするのも事実誤認でしょう。少なく とも、私の周囲で「わし」と言う男性老人にお目にかかったことはありま せん。たしかに、「わし」は、マンガや小説のなかでは、男性老人や博士ら しさを出すために登場人物がそう話すケースもあるのですが、それは社会 言語学的には「役割語」（金水 2003）と呼ばれ、バーチャルな世界のなか だけの現象です。

　さらに、自分の名前をそのまま一人称として用いる若い女性もほとんど いません。まれにいるのかもしれませんが、そうした人はおそらく社会性 に欠けた変わった人と見られるでしょう。もしかしたら、幼い女の子のつ もりで「若い女性」と書いたのかもしれませんが、「若い女性」で想起され るのは、通常、高校卒業以上です。

　そして、③「**事実と主張の論理関係に問題がある**」ですが、これは自分が

考えた主張にたいし、根拠となる事実を適当に見つくろってきた結果として生じる論理の飛躍です。

　親として幼い子の子育てをしていると、子どもが何をしても天才に見えてきます。「3歳でお手伝いができる」「3歳で電話がかけられる」「3歳で一人でトイレに行ける」「3歳で童謡の歌詞が憶えられる」など、なんでも「うちの子は天才である」という主張の根拠になるわけです。

　これは、事実となる根拠から主張が生まれてきたわけではありません。「うちの子は天才である」という主張がさきにあって、周囲の現象を自分の都合のよいように、いわば牽強付会に解釈した結果です。

　親ばかなら、周囲も笑って済ませてくれるでしょうが、親ばか論文、親ばかレポートを担当の先生が笑って見のがしてくれることはないでしょう。

> なぜ受身という表現が存在するのか。私はそれをタブーと結びつけて考えたい。どのような社会にもタブーが存在する。死のような悲惨な現実、差別のような人権侵害、性のような露出が望まれない事柄などがあり、その社会の住人はタブー視された話題を口にしにくい。しかし、これらが人生において直面せざるをえない現実である以上、それを婉曲的に表現する手段として受身の存在価値がある。

　この文章は、受身の存在理由を、タブーを根拠に論じています。しかし、そもそもタブー視される表現に受身が使われているでしょうか。

　「死ぬ」にたいする「亡くなる」「逝去する」「昇天する」などは受身表現ではありません。差別用語や放送禁止用語もそのほとんどが名詞で、受身表現によって回避されるものではありません。その意味で、受身の存在理由を、タブーを根拠に論じようとしても、根拠の選択が間違っているので、説得にはつながらないことになります。事実は主張と密接に結びつく内容でなければなりません。

動機や感想に注意

　論文を書くときに労力を省く方法としては、ここまで述べてきたように、事実と主張をめぐるものがあります。簡単にまとめると、事実や主張の裏を取ることをサボることで、労力を省いていたわけです。

　じつは、労力を省く方法がもう一つあります。それは、レポートに動機や感想を書くことです。冒頭に動機、結末に感想を書けば、それだけで紙面が埋まり、とりあえず書いたという気持ちになれます。しかし、それが一番危険です。

　大学の教員は学生の動機や感想を読むことに飽き飽きしています。私自身の場合、授業評価で「正しい日本語を学ぶ機会が持ててよかったです」「美しい日本語の使い手になりたいと思います」「日本語の奥深さにあらためて感動しました」と書かれるとがっかりしてしまいます。

　日本語学者にとって「正しい日本語」「美しい日本語」「日本語の奥深さ」は禁句です。その理由は、こうした主観的な表現が研究と相容れないからです。同時に、内実を伴わない紋切り型の表現では、受講者一人一人が感じたみずみずしい感性が伝わってこないということもあります。論文では動機や感想はタブーと考えて差しつかえないでしょう。

　ただし、動機の場合、書いたほうがよいケースがないわけではありません。研究テーマが自分で選べるものの場合、なぜそのような現象に関心を抱くようになったか、そのことが示されていたほうが読み手にとって内容の理解が容易になることがあるからです。しかし、それは卒業論文・修士論文といった長い学位論文の場合だけで、一般の論文やレポートには不必要ですし、学位論文でも書かないのがふつうです。

　動機には、たとえばつぎのようなものがあります。

「受動態」は文法用語である。では、そもそも我々が、日本語を、文法という形で学ぶのはいつからであろうか。答えは、中学1年生からである。小学校では、単語についての学習が主であろう。中学に入ると、「国語の時間でいきなり『文節』なんていうのが登場」（町田2000：2）する。しかし、文法の授業といっても、文型を学ぶようなことはしないのである。少なくとも筆者は、「受動態」という用語を国語の授業で耳にしたことはない。「受動態」という言葉を初めて耳にしたのは中学の英語の授業であった。よって、英文法で「受動態」を学んだ過程と受動態の概念を確認したい。

　個人的な経験がベースになって、このテーマについて選んだということが書かれています。それ自体は大切なことだと思いますが、それをあえて文字にする必要はありません。読み手にとって、内容を理解するうえで役に立つ情報とは言えないでしょう。

　つぎは結末の例です。

ここまで、日本語における助詞の「は」と「が」の使い分けについて整理してきた。ここで挙げた三点は「は」と「が」の使い分けの一部であり、使われる状況によって例外も存在する。すなわち、「は」と「が」の使い分けには、専門家の間でも議論となるような多様な捉え方がある。しかし、日本人として、日本語についての正しい知識を持ち、日本語を正しく使いこなすことは、肝要なことなのではないだろうか。

　与えられたテーマに積極的に取り組もうとする姿勢は見受けられますが、主張と、それを支える事実がレポートの2本柱だと考えると、この部分の情報価値はまったくありません。せっかく、もっともらしいことを書いても、読み手である教員はそれを一顧だにしないものなのです。

最後に、課題21を確認して終わりましょう。

　第1文「世界でも有数の難しい言語である。」はやや言いすぎの感があります。一人の人が知ることができる言語はわずかですから、検証がかなり困難なことを主張しているように思えます。この文脈なら、「欧米の主要な言語や中国語・朝鮮語などと比較してもやさしい言語とは言えない。」くらいでしょうか。

　日本語の語彙の豊富さについて語られている第2文の内容自体にはあまり問題はないように思います。しかし、主張である第1文の根拠としてふさわしいかどうかは要検討でしょう。これだけで「日本語は世界でも有数の難しい言語である。」と言いきることは難しそうです。

　日本語は、文法面では、男性名詞・女性名詞・中性名詞といった性の区別もありませんし、会話なら断片的な表現でもつうじやすい言語です。また、音声面でも、母音が五つしかないため、発音は比較的容易です。語彙や漢字仮名交じり表記はたしかに難しいのですが、全体として難しい言語と言えるかどうか、専門家の私にもよくわかりません。

　第3文で気になるのは、日本語以外は必要最小限の語彙でコミュニケーションをしているかのように読めるところです。ただし、それ以外は疑問文でもありますし、さほど問題はなさそうです。

　第4文の内容は、やや問題がありそうです。

　まず、「日本人の国民性として、相手の気持ちを尊重することを好む」というのが事実かどうか、検討が必要です。そのうえで、相手の気持ちを尊重することを好むことが、語彙が豊富である根拠となりうるかどうかも問題です。この文は、日本語が、相手の気持ちに合わせて言葉を変えるために多くの語彙が必要だという前提に立っていますが、そうした前提が正しいかどうかもわかりません。もちろん、そのあとの論証で述べる予定なの

でしょうが、この段階でもその前提には一言触れておいたほうがよいでしょう。

　さらに、「日本人の国民性」という言葉にも注意が必要でしょう。多様な表現を持つ日本語において、地域を超えた日本人という設定が可能でしょうか。また、中国や朝鮮半島からの影響を強く受けている以上、日本人以外の影響も考慮する必要はないでしょうか。

　こうして見てくると、1文1文「これって本当？」と疑いながら読んでいくと、キリがない気がしてきます。ウソを減らせるように表現の裏を丁寧に取りながら論文を書くことがいかにしんどい作業であるか、実感できるでしょう。

練　習　21

つぎの文章で、論文としてふさわしくない部分を指摘してください。

　最近の日本人は、「○○な感じ」「○○みたいな」「○○かも」という言葉を使いたがる。これは、自分の意見を明確にすることで生じる責任を、できるだけ逃れようとする潜在意識と関係しているのであろう。自分は悪くない、被害者だということを相手に理解してもらうために、受身を使ってそれを暗に表現する。こうした心理が日本人を受身の使用へと駆りたてているのである。

第 3 部

論文と社会

第22課 オープンサイエンス

社会に貢献する論文

　大学教育の役割は、学術的・社会的価値のある論文という文章を、エビデンスとなるデータに基づいて書ける人材を育成するところにあります。平たくいえば、「考える」「調べる」「書く」という三つの能力を備えた、論理的思考力のある人物を育てることを目的としています。そこで、本書では論理的な文章である論文・レポートが構成と表現の2本柱から成り立つと考え、第1部「論文の構成」と第2部「論文の表現」に分け、論文・レポートの書き方をここまで論じてきました。

　しかし、本書刊行から12年、時代が大きく変わりました。本書が前提としてきた「論文の構成」と「論文の表現」の2部構成では今という時代に十分に対応できなくなったと考え、今回の改訂で第3部「論文と社会」を新たに加えることにしました。それは、最近の社会の流れとして、**デジタル**という要素を考慮せざるをえなくなったからです。

　私たちは、肉体を持つ人間としてリアルな世界を生きているわけですが、同時にインターネット空間というバーチャルな世界を生きるようにもなっています。私たちは、パソコン、タブレット、スマホといったデジタルデバイスを片時も手放せなくなっており、「考える」ときも「調べる」ときも「書く」ときもデジタルデバイスに依存して論文を書くという作業をおこなっているのが現実です。

オープンサイエンスのインパクト

　このようなデジタル時代のなか、広がってきたのが、**オープンサイエンス**という考え方です。オープンサイエンスという言葉を聞いたことがありますか。日本語にそのまま訳すと、**「開かれた科学」**になります。この「開かれた科学」は誰にたいして開かれているかというと、一つは研究者にたいして、もう一つは市民にたいしてです。

　研究者に「開かれた科学」を考える場合、現代は**共同研究の時代**だということを押さえる必要があります。一人の巨人がすべてをおこなう時代は終わり、現代の研究は専門の細分化が進み、一人の研究者ができることが限られる時代です。1本の論文を書くのにも、それぞれの研究者の専門性を生かした分業制が取られるのがふつうです。分業は分野を越え、大学を越え、ときには国境さえも越えていきます。そうした分業による共同研究のために、デジタル化を前提とした、データの生成から公開までをカバーする共通の仕組みが作られ、オープンサイエンスの広がる情報基盤となっていきました。

　また、共同研究の波は、企業や官公庁、一般市民にまで及び、プロの研究者とアマチュアの研究者とのコラボレーションの機会も増えています。プロの研究者と一般市民との共同研究活動は**市民科学（citizen science）**とも呼ばれ、これまで自然科学系のプロジェクトで成果を挙げてきました。たとえば、気象庁気象研究所が推進する「# 関東雪結晶 プロジェクト」があります。首都圏の降雪現象を解明するために、一般市民がスマホで撮影した雪結晶画像を Twitter（現 X）経由で収集するプロジェクトです。また、国立天文台が主催する市民天文学プロジェクト「GALAXY CRUISE」もあります。国立天文台が所有するすばる望遠鏡の観測データを、星好きの市民天文学者が分類することで、新たな研究成果を生みだすことを目指すプロジェクトです。

　人文科学系では、国立歴史民俗博物館が主導する「みんなで翻刻」プロ

ジェクトが有名です。多数の一般市民が共同で史料の翻刻に参加することにより、歴史資料の解読を一挙に推し進めようというオンラインによる市民参加型のプロジェクトです。私の所属する国立国語研究所でも、消滅の危機にある琉球列島の言語や、失われつつある全国各地の方言の記録・保存のための市民科学者の育成が急務とされ、さまざまな取り組みがおこなわれています。方言は、その土地に住み、日常的に使っている一般市民がもっとも詳しいので、そうした方言ネイティブの力を借りて研究は初めて前に進みます。現代は、みんなで力を合わせて研究する時代なのです。

練 習 22

　インターネットなどをつうじて、本課で紹介した以外のオープンサイエンスの取り組みについて調べ、簡単に説明してください。

オープンデータ

オープンデータとは何か

　研究で大事なことは、研究の成果のみならず、その成果に至る過程を誰もが知ることができるように保障することです。研究は科学であって芸術ではありません。科学は技術の世界であり、研究者によって生みだされる研究は、同じ手続きを踏めば、誰もが同じ結果を得られなければなりません。まねができる条件を整えること、これが科学です。薬品Ａと薬品Ｂをある人が混ぜれば化膿を抑える傷薬になり、別の人が混ぜると化膿の進行を速める劇薬になる。これでは困ります。誰がやっても同じように化膿を抑える傷薬にならなければ、意味がありません。

　しかし、研究はときに同じような手続きを踏んでも異なる結果を導くことがあります。それは、使われているデータがすり替わっていたり、分類の認定基準がずれていたり、研究の手順が一部抜けていたり、結果を集計するさいに計算ミスがあったりするためです。こうした問題を起こさないためには、研究の対象としたデータを誰もが見られるように公開すると同時に、研究遂行の手続きを記録・保存しておくことが重要です。こうした考え方に基づいて作成されたデータを**オープンデータ**といいます。

オープンデータと研究不正

　オープンデータが重視されるようになった背景には、**研究不正**の問題があります。データをはじめとする研究のプロセスを公開しないと、研究不正の温床につながります。画期的な成果を語る論文を読み、それを追試しようと思って、別の研究者がいくらやってみてもうまくいかない。しかし、

画期的な成果を生みだしたと語る研究者に問いあわせても、うまくいった
と主張するばかり。これでは科学になりません。そうした水掛け論を防ぐ
には、研究のデータと研究のプロセスを共有して議論するしかありません。

　日本には、研究不正が相次いだ時期がありました。とくに、独立行政法
人理化学研究所の元研究員、小保方晴子氏をめぐる研究不正の問題は社会
を大きく揺るがしました。データのでっち上げである**捏造**、データの不適
切な改変である**改ざん**、他人のデータを無断で使用する**盗用**が研究不正の
代表であり、研究不正は一旦起きると、科学にたいする信頼を大きく損ね
ます。そこで、こうした研究不正を防ぐために、研究成果を出すまでのプ
ロセスを透明にし、誰もが確認できるようにするオープンデータが強く主
張されたわけです。

オープンデータの意義

　しかし、オープンデータは、研究不正の防止という消極的な意味合いだ
けで用いられるものではありません。オープンデータとは、研究のために
収集したデータセットで、誰もが利用しやすい形で、かつ、利用可能なル
ールに基づいて公開したデータのことを指す概念です。「誰もが利用しや
すい形」というのは、コンピュータで処理しやすい、構造化されたデジタ
ルデータのことであり、インターネット上に無料で公開されていれば一層
使いやすいでしょう。また、「利用可能なルールに基づいて」というのは、
CC ライセンス（クリエイティブ・コモンズ・ライセンス）のような利用
条件のことで、「CC BY」と示されていれば、データ作成者のクレジット
を表示すれば、誰でも自由にそのデータを使用してよいことがわかり、便
利です。

　私が勤務する国立国語研究所のような国立の研究機関は、オープンデー
タを作ることが重要な仕事の一つになっています。国立国語研究所では、
話し言葉、書き言葉、日常会話、方言、古典、外国人の日本語など、日本語

研究で用いられる、大量のテキストデータを「中納言」という Web アプリケーションに収め、インターネット上に無料で公開しています。また、国立国語研究所のような研究機関だけではなく、一般の大学でも、研究室やセンター、あるいは科研費のプロジェクトとしておこなったコーパスがいくつもインターネット上に公開されています。つまり、学生が研究をしようとするとき、自分でデータを収集しなくても、既存のオープンデータを使えば、研究が可能になっているのです。このことを知っているかいないかで、研究の進度は大きく違ってきます。

　もちろん、学生が苦労して、自分の頭を使い、自分の手を動かし、自分の足を運んでデータを集め、自分なりのデータベースを作成することは、大きな意味があります。多少稚拙でも、たとえ小規模でも、独自のデータベースを構築することはえがたい体験ですので、卒業論文をきっかけにそうした取り組みを試みる価値はあるでしょう。

　しかし、実際にやってみればわかることですが、研究データを自分で集めるのは大変な作業であり、予算も技術もない学生が見よう見まねでデータを収集するのには限界があります。データ収集のプロが専門的な見地から設計をおこない、予算と時間をかけて収集した大規模なデータベースがあるのであれば、それを使って卒業論文を書くのも有力な方法です。データサイエンスが注目を集める昨今、収集された大量のデータをどのように分析し、新しい事実や傾向を発見するかという技術を求められる機会が増えており、文系人間を自認する人でも、大量のデータを扱う情報処理技術や統計的手法を磨いておいて損はないと思います。

練習 23

　自分自身の専門分野において、国立の研究機関や大学が開発したオープンデータにどのようなものがあるか、インターネットで検索し、そのリストを作成してください。

オープンアクセス

オープンアクセスとは

　オープンデータとともに、オープンサイエンスを支えるもう一つの柱が**オープンアクセス**です。オープンアクセスは、学術論文が Web 上に無料で公開され、誰でも自由にアクセスできるようになることです。この結果、私たちは、自分のやりたい研究テーマについての先行研究の収集と閲覧が飛躍的に容易になりました。

　本書が最初に刊行された 2012 年、すなわち今から 12 年前と現在とでもっとも状況が違うのがこの点でしょう。もちろん、オープンデータの推進によって、Web 上の多様なデータセットにアクセスできるようになった点も大きく異なりますが、オープンデータはまだ進行中の状況であり、テキストや画像のオープンデータ化は今後発展が見こまれる領域です。一方、オープンアクセスはかなり進展しており、2012 年と現在とでは隔世の感があります。

機関リポジトリの充実

　この背景には、大学や研究所などの図書館が機関リポジトリを充実させてきたことがあるでしょう。大学図書館はかつては紙の学術図書や学術雑誌を収集し、閲覧にやってくる学内の教員や学生に貸し出し、研究の便宜に供するのがその役割でした。しかし、インターネットの普及により、図書館で待っていても教員や学生がなかなかやってこなくなり、その存在意義が問われるようになります。そこで、どの大学図書館も生き残りをかけて電子図書館を整備し、学外の研究者に広く研究情報を提供する発信型図

書館を目指すようになりました。その目玉が**機関リポジトリ**です。

　機関リポジトリは、大学や研究機関が自らの研究成果物をデジタルの形で保存し、公開するための Web 上の**アーカイブ（研究資料群）**のことです。機関リポジトリは、その構成員、すなわち学内の教員や学生が作成した学術論文、学位論文、研究報告書、データセットなど、さまざまな研究資料を含むものです。機関リポジトリの整備により、研究成果の広範な普及とアクセス性の向上が進み、学内のみならず、学外の研究者、学生、そして一般市民が学術情報に自由にアクセスできる知識の共有基盤を提供できるようになりました。

電子化の進展

　第 3 章「調べる―先行研究」で紹介した CiNii は、日本国内の学術雑誌を横断的に検索できる便利なサイトですが、そこでヒットした文献の本文に、クリック一つで直接アクセスできるのも、アクセスするさきに大学や研究機関の機関リポジトリがあり、そこで学術雑誌の本文を公開しているからです。海外の雑誌、とくに英語で書かれた学術雑誌の場合、有料で、高い購読料を請求されることが問題となっていますが、日本国内の場合、そうした問題は少なく、恵まれた状況にあると言えます。すでに第 3 章で見たように、機関リポジトリに収録されている大学などの紀要論文は、原則無料でダウンロードできますし、全国の学協会が発行しているいわゆる学会誌論文も、科学技術振興機構 (JST) の **J-STAGE** 上で公開され、エンバーゴと呼ばれる、刊行されてから一定の公開猶予期間（その間は学会員のみ閲覧可能）を過ぎれば、無料公開が一般的になってきています。もちろん、古いもので電子化されていない論文は、図書館に足を運んで現物を見る必要はありますし、書籍の場合はまだ紙媒体が主流ですが、今後は古い論文の遡及収録や書籍の電子化も進むでしょうし、そうした論文の数はさらに少なくなっていくと予想されます。

なお、電子化された雑誌論文の宿命として、電子図書館のリニューアルにより、論文が行方不明になりがちだという問題があります。幸い、雑誌論文には、DOI（Digital Object Identifier）と呼ばれる番号がつけられています。DOIは雑誌論文のマイナンバーのようなもので、恒久的に変わらない番号です。そこで、この番号を控えておくと、必要な論文に確実にアクセスできるので、長く研究を続けようとする人にとって有用な情報となるでしょう。

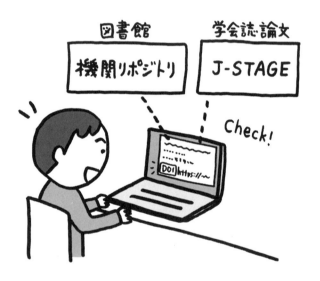

練 習 24

　自分が書く予定で準備している論文・レポートの先行研究のリストを作り、そのうち、どの論文がオープンアクセス可能かを確認し、オープンアクセス可能な文献については、掲載されているURLとDOIを記録してください。

第25課　オープンサイエンスの限界

個人情報保護

　オープンデータとオープンアクセスの2本柱からなるオープンサイエンス、その重要性は明らかなのですが、何でも公開してよいわけではありません。研究のデータの情報には、**個人情報**が含まれることがあるからです。オープンデータと個人情報保護はその意味で対立する関係にあり、研究倫理の観点から個人情報保護が優先されます。理科系でも、医療・看護系の研究では、患者の個人情報の取り扱いが問題になりますが、文科系、とくに人文科学系では、人間を対象にした研究が増えるため、個人情報の取り扱いには注意を払う必要があります。

　調査協力者に依頼をして調査をおこなう場合、気をつけるべき点は二つあります。一つは、調査協力者にきちんとした説明をおこない、**同意書**を受け取ること、もう一つは、研究内容を公開するさいには個人情報を含む部分は公開せず、必要があれば**個人情報を削除**して公開することです。

　調査協力者に調査の説明をするさいには説明文書を作成するとよいでしょう。説明文書には、次のような内容を含むのが一般的です。

■表19　調査の説明文書に含む内容

① 調査の名称	⑥ 研究の資料開示・質問の問合せ先
② 研究の目的・意義	⑦ 個人情報の取り扱いと保管方法
③ 研究の方法・内容	⑧ 研究成果における個人情報の公表の範囲
④ 調査の実施期間・場所	⑨ 調査参加の自己決定権の保障
⑤ 調査の責任者・担当者	⑩ 同意を撤回する場合の連絡先

つまり、調査の 5W1H を明確に調査協力者に示すと同時に、調査における個人情報の取り扱い、調査についての疑問や同意撤回の連絡先を伝えることが大事だということです。このような説明文書に基づいて調査協力者に丁寧に説明したうえで同意書を受け取ります。デジタル全盛の時代ではありますが、同意書は大事な文書ですので、できれば直筆でサインをしてもらうのがよいでしょう。同意書には、日付と署名欄を用意し、調査データの公開範囲をたとえば次のような選択式にしてチェックを入れてもらいます。

　　□研究発表の場、および Web 上で公開してもよい
　　□研究発表の場にかぎって公開してもよい
　　□公開に同意しない

　以上のような同意書を取りつけた以上、調査は同意書に従って進める必要があります。現在では、調査協力者の人権保護の観点から、人を対象とする研究をおこなう場合、それぞれの大学が作成した研究倫理のガイドラインに従って研究を遂行することが求められます。また、大学によっては、研究倫理委員会で研究倫理審査をおこない、そこで承認されることを研究遂行の条件としているところもあります。調査のさいは、そうした点を所属する大学のホームページで確認することを強くお勧めします。

著作権保護

　オープンデータの公開にたいする歯止めが個人情報保護であるならば、オープンアクセスの公開にたいする歯止めは著作権保護です。オープンアクセスが求められる時代だからといって、何でもインターネット上に公開してよいわけではありません。公開を希望する論文などに自分以外の著作権者を含む場合、公開には慎重になる必要があります。

　自分がおこなった研究成果をインターネット上に公開したい人もいるでしょう。事実、インターネット上には、学部や研究科が優秀だと認めた優秀卒業論文や、指導教員の先生や学生自身が公開している卒業論文が散見されます。また、卒業論文だけでなく、学部のゼミでおこなったゼミ発表の資料なども見つかることもあります。もちろん、そうした研究成果は積極的に公開してよいわけですが、そのなかに他者の著作物が含まれていないかどうか、慎重に確認する必要があります。

　他者の著作物といっても、第3章「調べる―先行研究」で学んだ引用のルールを守って引用するぶんには問題はありません。もっとも問題となるのは無断引用です。まずは、引用の大原則である「リンクを張る」という作業が本文できちんとおこなわれているか、また、最後の参考文献欄にその文献がきちんと記載されているか、その2点を確認するとよいでしょう。

　また、気をつけたいのが、自分一人で書いたのではなく、ゼミの仲間と協力して作成した論文、レポート、ハンドアウトです。自分が一番たくさん書いたからといって、協力してくれた友人の名前を載せずに、あるいは名前を載せていても許可を取らずにインターネット上に公開したりすることは厳禁です。インターネット上に載せてしまうと、世界中の誰でもそれを見ることができてしまうので、不十分な内容のものを見せたくないと思う人もなかにはいます。作成者全員の承諾をもらわないと公開することはできませんので、くれぐれも気をつけてください。

練　習　25

　みなさんの所属している大学の研究倫理のガイドライン（研究倫理規程など）がどのようになっているか、ホームページでその内容を確認してください。そして、自分のやろうとしている研究が、そのガイドラインのなかでどのように扱われているか、検討してください。

第26課

生成 AI の問題

ChatGPT の登場

　「論文・レポートの基本」は時代の影響を多少は受けますが、大きくは変わりません。データに基づいて新たなことを発見し、それを言葉（数式も含む）によって報告するという学術研究の基本的な考え方はいつの時代も不動だからです。ところが、「論文・レポートの基本」を揺るがしかねない出来事が生じました。生成 AI、とくにテキストを生成する**テキスト生成 AI の登場**です。以下はすべてテキスト生成 AI のことですが、簡便に生成 AI として話を進めます。

　もっとも有名な **ChatGPT** は、OpenAI 社が開発した生成 AI ですが、GPT-3.5 をベースにしたチャット形式の Web サービスとして公開されたのは 2022 年 11 月 30 日のことです。この原稿を書いているちょうど 1 年前ですが、ChatGPT の登場によってこの 1 年間で論文・レポートの書き方は激変し、大学の教育現場は生成 AI とどう向きあうか、その対応に振りまわされた 1 年でした。

　第 17 章で述べたように、オープンデータとオープンアクセスからなるオープンサイエンスの普及に伴い、研究のデジタル化が急速に進展し、論文・レポートの執筆環境は大きく変わりました。そうした状況を受けて、本書の改訂をしなければいけないと考えてきましたが、ぐずぐずしていたところ、ChatGPT の登場によって、新版の刊行は待ったなしの状況になりました。そこで、本書の初版が刊行された 2012 年から 12 年間の時を経て、2024 年に新版を刊行することになったわけです。ChatGPT の登場はそのぐらいインパクトのある事件でした。

Open AI 社の ChatGPT や、Google 社の Bard をはじめとする生成 AI は、論文・レポートを書くときにたしかに便利です。論文・レポートを書くという行為は私たちにとってたいへん負担が大きいものですが、生成 AI は短い指示を出すだけで、長い論文・レポートを書いてくれます。しかし、そこには大きな落とし穴が三つあります。ここでは、そうした落とし穴、生成 AI を使って論文・レポートを書くときの三つの問題を示すことにしましょう。

思考停止に陥る

　生成 AI の問題の一つ目、そして最大の問題は、**執筆者が頭を使わなくなる**ことです。大学の授業で出された課題で、自分でレポートを書かず、先生や先輩に書いてもらったレポートを提出してそれがバレたら、当然単位はもらえないでしょうし、大学によっては停学になりかねません。レポートの代筆は、そのような厳罰に値する、やってはいけない行為ですし、そもそもそのような代筆を依頼する人はほとんどいないでしょう。代筆を依頼すること自体、後ろめたさを感じるリスクの高い行為だからです。

　自分でレポートを書くかわりに、ChatGPT にレポートを書いてもらう行為は、それとまったく変わりません。代筆です。しかし、先生や先輩といった他者に依頼する行為と比べて簡単にできてしまうので、代筆という罪の意識は薄らいでしまいがちです。そこに問題があります。

　一時期、インターネットの論文の一部を無断で盗用し、自分の論文・レポートの一部に組み込んで提出する盗用である**剽窃**が問題になりました。コピペが手軽にできてしまうデジタルの時代になり、盗用の意識が薄らいでしまったためです。しかし、そうした過去の論文からの無断盗用は少なくなりました。剽窃チェックツールを使えば、すぐにバレてしまうことを誰もが知っているからです。事実、膨大な学術データベースを背後に持つ iThenticate（アイセンティケイト）のような剽窃検出ツールで調べれば、

提出された論文・レポートの何％ぐらいが過去のどの論文と重なるか、たちどころにわかります。つまり、過去の論文をコピペして論文・レポートを書いても、読み手が調べる気になればすぐに剽窃が判明し、重いペナルティを科されることが周知されるようになったわけです。

　一方、生成 AI による代筆は見抜きにくい面があります。生成 AI を使った文章作成かどうかを判断する検出ツールは多数存在し、高い精度を備えたものもありますが、検出を避ける技術も進みますし、複数のツールを組み合わせたり、言い換えを適度に交えたり、個人的な見解を加えたりすることで、検出をある程度回避することも可能です。

　だからといって、生成 AI にレポートを書かせてよいということにはなりません。なぜなら、レポートを書くという行為は、自分の頭を鍛えることを目的としているからです。練習をサボったら、スポーツの技術も楽器の演奏技術も向上しません。同じように、考えることと書くことをサボったら、論理的に考え、表現する力が向上しません。私たちは論理的に考え、表現する力を伸ばすために大学で学んでいるわけで、それを AI 任せにしてしまったら、私たちの思考力は減退し、大学で学ぶ意味が失われてしまうでしょう。

　本書で繰り返し述べてきたように、**大学での学びの究極的な目的は、自分で問いを立て、その問いの答えを自力で導きだす力を養うこと**です。自分で立てた問いを生成 AI に投げてしまうと、生成 AI が答えを出してしまいます。しかし、それでは私たちの学びにはなりません。答えを出す過程は苦しみでもありますが、満足のいく答えが導きだせた喜びは何物にも代えがたいものです。苦労しないで手にした結果は人を成長させませんし、そこに喜びはありません。そして、何よりそこに創造性はありません。AI は批判的に思考しているのではなく、過去の膨大なデータベースに基づき、それを編集して答えを導きだしているにすぎないからです。独創性を重視し、過去にない新たな知見を生みだす研究という営みは、生成 AI が普及した現在でも、人間にもっとも適した活動です。

ウソが混じる

　生成AIの二つ目の問題は、**ウソが混じる**ということです。生成AIが、事実に基づかないウソの情報を作りだしてしまう現象は**ハルシネーション（幻覚）**と呼ばれ、よく知られています。

　生成AIの多くは対話型であり、聞かれたことに答えるように作られているため、知らないことでも知っているかのように答えようとします。自信がないそぶりを見せず、あたかも事実のように答えてくるため、生成AIの文章を読んでも、ウソに気づかないことがしばしばです。論文・レポートは学術的文章であり、学術的文章はウソがない正確さを何よりも大事にします。データに基づいて新しい確かな知見を作りだしていくこと、これが学術研究の使命だからです。したがって、論文・レポートで根拠のないウソはもっとも嫌われます。論文・レポートを作成するさいに部分的に生成AIの力を借りることがあるかもしれませんが、そこにウソが混じっていないかという検証は必須になります。

　生成AIがハルシネーションを起こしてしまう原因はいくつかありますが、もっとも大きいのが学習データの問題です。生成AIのウソ、すなわちハルシネーションは、「誤り」「古さ」「あいまいさ」「偏り」「欠落」といったウソの素が、もとの学習データに存在するところに由来します。また、生成AIが、学習データではなく、テキスト生成の段階でウソを生みだしてしまうケースもあり、それは生成AIの仕組み自体の問題とみることができるでしょう。ただ、いずれにしても、私たちがふだん親しんでいるインターネットという巨大なデータベース自体にこうしたさまざまな問題があり、それに生成AIの回答が引きずられてしまっているのです。この点は、生成AI自体の登場以前から存在した、学習データであるインターネット上の情報の質の問題です。そもそも生成AIのない時代から私たちは広い意味でのウソの情報に囲まれてきたという事実を頭に置き、十分な情報リテラシーを持ってそれに対処することが大事になるでしょう。

学術研究は、私たちの社会に溢れるそうしたウソを是正し、確かな情報を社会に届けるために活動しています。論文・レポートは、そうした確かな情報を社会に届け、社会全体の知を底上げするために書かれるものです。論文・レポートを私たちが書き、それをインターネット上に公開するようになった瞬間から、私たちもまたそうした社会の全体知の形成に参加する時代になっているのです。

出典を示さない

　生成 AI の三つ目の問題は、**出典を示さない**ということです。先行研究の引用もしませんし、参考文献リストも作りません。生成 AI の種類によっては、あるいは質問の仕方によっては、生成 AI によって生成された文章が、過去のどのような文献を参考にして作られたのか、ある程度までは教えてくれるでしょうが、それでも限界があります。

　生成 AI の中身はブラックボックスでよくわからないと言われます。中身が複雑すぎて、開発者を含めた専門家も生成 AI が何をおこなっているか、細かく追跡することは難しいようです。つまり、生成 AI は答えは示してはくれるのですが、答えに至るプロセスは示してくれないのです。したがって、生成 AI が出してきた回答が正しいか否か、データとなる根拠や参考とした文献からいくら探りたくても、回答を導くプロセスが抜け落ちているので、それを知る手がかりがないのが現状です。研究結果の妥当性は研究プロセスで測るものであり、研究プロセスがないと判断できませんが、生成 AI ではそのプロセスがブラックボックスになっており、可視化できないのです。これが、生成 AI の技術面での大きな課題です。

　研究は、先人の書いた文献を参考にしつつ、そこにない新しい何かを生みだそうとしておこなわれるものです。従来の研究にない新しさを示すには、過去の研究に穴があることを示す必要があります。そこには出典の提示が不可欠です。出典がないと過去の研究の穴を示せないからです。その

ため、出典を示す手続きを欠くと、研究倫理上問題が生じ、著作権保護の観点からも厳しい批判にさらされます。この点からも生成AIは論文を書くのに向かないツールであると言え、生成AIを論文作成支援ツールとして使った場合は、かならず自分でその内容をチェックし、該当する出典を調べて裏を取る必要があります。

　以上の内容をまとめると、**生成AIには過度に依存しない、過度に期待しないことが大事**ということになるでしょう。生成AIに過度に依存すると、自分の頭を使わなくなり、人間にふさわしい創造性の高い活動ができなくなります。また、生成AIに過度に期待すると、典拠を欠いた確度の低い情報を発信しかねません。もちろん、今後の技術革新によってこの点は改善される可能性はありますが、生成AIが学術的な不正確さを抱えていることに当面は配慮する必要があるでしょう。部分的に生成AIの助けを借りるにしても、そこから得られた情報にウソが紛れこんでいないかを慎重に吟味し、出典を確かめることで、情報の質を高める必要があると思われます。

練習　26

　「日本語の文章の文頭で使われる「すなわち」「つまり」「要するに」について、その用法の共通点と相違点を明らかにする論文を書いてください」という指示をChatGPTにしたところ、次のような回答が返されました。この回答にたいし、先行研究を調べたり、自分で「すなわち」「つまり」「要するに」の例を加えたりすることで、論文としてより精度の高いものにしてください。

　「すなわち」「つまり」「要するに」という日本語の接続詞について論じるには、それぞれの用法の共通点と相違点を理解することが重要です。これらの接続詞は文脈によって異なるニュアンスを持ち、文章の流れを導く

役割を果たします。

共通点
- 説明的な役割：これらの接続詞は、前に述べられた内容をさらに説明するか、結論を導く際に用いられます。
- 要約と推論：文の前半部分で述べられた内容を要約したり、それに基づく推論を示す際に使用されます。
- 文脈の結び付け：「すなわち」「つまり」「要するに」は、複数の事実やアイデアを結びつけることで、文章全体の流れをスムーズにします。

相違点
- 「すなわち」：この接続詞は、主に定義や明確化のために使用されます。より正式な文脈で用いられ、前に述べた内容を具体的に説明するのに適しています。
- 「つまり」：より話し言葉的なニュアンスを持ち、前述の内容を要約するのに使われます。この接続詞は、よりカジュアルな文脈や日常会話で一般的です。
- 「要するに」：この接続詞は、複雑な内容や多くの情報を単純化し、要点を明確にする際に使用されます。結論を示すのに特に適しています。

結論
　これらの接続詞は、文脈や目的に応じて使い分けることが重要です。文章を書く際には、これらの接続詞の使い方を適切に理解し、それぞれのニュアンスを活かして読者に情報を伝えることが求められます。

テキスト生成AIの可能性

生成AIは相談相手

　前課で、生成AIには過度に依存しない、過度に期待しないことが大事だと述べましたが、これは生成AIが論文・レポートの執筆に有害無益だということを意味しません。むしろ、論文執筆を支援する優秀なツールとしてうまく付き合えば、私たちの有力なパートナーとなりうる存在です。たとえて言えば、生成AIは世界一の物知り老人であり、自然な文章を生成する疲れを知らぬ編集者です。

　もちろん生成AIは、過去のデータベースを参照して編集するだけであり、私たちのかわりに考えてくれるわけではありません。独創的な発想を創りだすのは、いつの時代も人間の仕事です。また、明確な典拠を示さず、ときどき知ったかぶりをするので、全面的に信用することは避け、かならず回答の裏を取る必要があります。

　しかし、博識で、いつ何を聞いても嫌がらず答えてくれ、しかも平均点以上の穏当な回答を返してくれることも多い、役に立つ相談相手です。したがって、論文を執筆するツールとしてではなく、論文を執筆するさいの対話の相手と考えるのがよいでしょう。

　すでに本書で見たように、私たちが論文を書く場合、いろいろなことを決めなければなりません。研究テーマを決めるのは私たち自身だとしても、研究上の問いである研究課題、研究データの収集方法、収集したデータの分析方法、分析結果の考察の観点、最終的な校正、どの段階を取っても、専門家の相談なしに私たちが自分だけで判断するのは荷が重いのが現実です。もちろん、指導教員の先生や同じゼミの先輩などに相談できればよいのですが、その都度時間を取ってもらうのもはばかられます。こうした、論文

執筆の各段階で生成 AI に相談すれば、すぐに解決できる問題はその場で解決しますし、解決が困難な場合にはあらためて相談できる人に時間を取ってもらうことも可能です。

たたき台としての生成 AI

論文・レポートの執筆支援のツールとして生成 AI を使う場合、二つの方法に分かれます。一つは、**生成 AI が提供する材料をたたき台に、それを批判しながら自分の論文・レポートを書く方法**、もう一つは、**自分が書いた論文・レポートを生成 AI に叩いてもらって改善する方法**です。

まず、生成 AI が提供してくれる材料をたたき台に論文・レポートを書く方法を考えます。たとえば、日本の J-POP の歌詞に興味がある人が、そこに出てくるオノマトペ（擬音語・擬態語）で論文を書きたくなったとします。その場合、ChatGPT にこんなふうに聞くことが可能です。

> 日本語の歌謡曲の歌詞によく出てくるオノマトペについて論文を書こうと思います。どんなオノマトペが多く出てきますか。また、そうしたオノマトペによって歌詞にどんな表現効果が生まれますか。

それにたいする ChatGPT の回答は次のとおりでした。

> 日本語の歌謡曲におけるオノマトペの使用に関する論文は、言語学、文化学、音楽学の観点から非常に興味深い研究テーマです。以下に、日本語の歌詞に頻出するオノマトペと、それらが歌詞にもたらす表現効果についての概要を示します。
>
> 日本語の歌謡曲における一般的なオノマトペ
> ・感情を表現するオノマトペ：例えば「キラキラ」（輝く様子）、「ド

キドキ」（心臓の高鳴り）、「ワクワク」（期待や興奮）など。これら
は感情や内面的な状態を具体的に描写します。

・自然現象を表すオノマトペ：例えば「サラサラ」（軽やかな風や川
の流れ）、「ジリジリ」（強い日差し）、「ザーザー」（激しい雨音）な
ど。自然の様子や環境を生き生きと表現します。

・動作や行動を示すオノマトペ：「スタスタ」（大股で歩く様子）、「ニ
コニコ」（笑顔）、「ソロソロ」（ゆっくりと動く様子）など。動きや
行動を視覚的に想起させます。

オノマトペによる表現効果

・感情の強調と伝達：オノマトペは、抽象的な感情や感覚を具体的で
視覚的、聴覚的に伝える力があります。これにより、聴き手は歌詞
の感情をより深く共感しやすくなります。

・物語性の強化：特に物語的な歌謡曲では、オノマトペを使用するこ
とで場面や状況がリアルに、そして詳細に描写され、物語の没入感
が高まります。

・リズムと響きの美化：日本語のオノマトペは音韻的にリズミカルで、
歌詞に特有のリズムや響きをもたらします。これは歌のメロディー
やリズムと相まって、独特の音楽的美を生み出します。

・文化的特性の表現：オノマトペの使用は、日本語の音楽特有の文化
的背景や感性を反映します。これにより、歌謡曲は日本文化の独特
な側面を伝える役割を果たすことができます。

　この研究では、特定の歌謡曲の歌詞に出現するオノマトペを分析し、
それらが歌詞全体の中でどのように機能しているかを詳しく掘り下げ
ることが重要です。また、これらのオノマトペがどのように聴き手の
感情や理解に影響を与えるかについての考察も含めると、論文の深み
が増します。

ここにはもちろん不適切な部分もありますが、それなりにまとまった情報を提供しています。たたき台には十分なるでしょう。

　まず、日本語の歌詞に頻出するオノマトペとして ChatGPT が出してきた「日本語の歌謡曲における一般的なオノマトペ」の３分類、「感情を表現するオノマトペ」「自然現象を表すオノマトペ」「動作や行動を示すオノマトペ」ですが、これは理論的には金田一（1978）が示した擬情語、擬態語、擬容語の３分類に対応します。ChatGPT はこうした引用に弱いので、人間が先行研究を調べて補足する必要があります。

　さて、ここで ChatGPT が示したオノマトペですが、実際の歌詞によく出てくるものとあまり出てこないものがあります。調べてみると、「キラキラ」「ドキドキ」「ワクワク」といった「感情を表現するオノマトペ」はよく出てくるのですが、「サラサラ」「ジリジリ」「ザーザー」といった「自然現象を表すオノマトペ」や「スタスタ」「ニコニコ」「ソロソロ」といった「動作や行動を示すオノマトペ」はそこまでよく出てくるわけではありません。

　しかし、考えるヒントになることは間違いありません。具体的なオノマトペがあれば、そのオノマトペがほんとうに歌謡曲の歌詞によく出てくるかどうか、確かめることができるからです。石黒（2023）では、実際に歌謡曲の歌詞に出てくるオノマトペを調べ、頻度順に並べたデータが紹介されています。それによると、頻出ランキングベスト 10 は、①「そっと」、②「ちゃんと」、③「きらきら」、④「どきどき」、⑤「ふと」、⑥「ゆっくり」、⑦「そろそろ」、⑧「わくわく」、⑨「じっと」、⑩「どんどん」であることがわかります。ChatGPT が「感情を表現するオノマトペ」として挙げた「キラキラ」「ドキドキ」「ワクワク」は見事三つともベスト 10 入りです。また、①「そっと」と②「ちゃんと」を分類すると、「動作や行動を示すオノマトペ」、金田一（1978）の言う擬容語に入ります。つまり、「動作や行動を示すオノマトペ」が少ないわけではなく、「スタスタ」「ニコニコ」「ソロソロ」という挙げた例が不適切であったわけです。「自然現象を表すオノマ

242

トペ」はたしかに少ないのですが、「感情を表現するオノマトペ」と「動作や行動を示すオノマトペ」については歌謡曲の歌詞によく出てくる二大オノマトペということになります。

　つぎに、「オノマトペによる表現効果」を考えてみましょう。「感情の強調と伝達」は、オノマトペが感覚的表現であるところに由来します。オノマトペは見たり聞いたり感じたりなど、いわゆる五感を表現しますので、感情を伝達するのに向いているとされ、それによって聴き手が歌詞の感情をより深く共感するというのは、事実である可能性が高そうです。また、ChatGPT が最後のところで、「この研究では、特定の歌謡曲の歌詞に出現するオノマトペを分析し、それらが歌詞全体の中でどのように機能しているかを詳しく掘り下げることが重要です」とアドバイスしている点は重要です。出現頻度を数えて量的に分析するだけではだめで、個々の例を挙げて質的に分析することで初めて説得力が上がると言っているわけです。

　たとえば、あいみょん「マリーゴールド」（作詞：あいみょん　歌：あいみょん）の歌詞に出てくるオノマトペ

「もう離れないで」と
泣きそうな目で見つめる君を
雲のような優しさで　そっとぎゅっと
抱きしめて　抱きしめて　離さない

「そっとぎゅっと」には「感情の強調と伝達」が感じられます。このように、実際の歌詞に出てくるオノマトペを分析して考えると、それぞれの表現効果が確かめられそうです。

　ChatGPT が挙げる二つ目の表現効果である「物語性の強化」もまた、歌詞に出てくる具体的なオノマトペで確かめてみましょう。ここでは、いきものがかり「SAKURA」（作詞：水野良樹　歌：いきものがかり）の歌詞が好例になりそうです。

さくら　ひらひら 舞い降りて落ちて
揺れる 想いのたけを 抱きしめた
君と春に 願いしあの夢は
今も見えているよ さくら舞い散る

「さくら　ひらひら 舞い降りて落ちて」のフレーズは、「オノマトペを使用することで場面や状況がリアルに、そして詳細に描写され、物語の没入感が高まります」にまさに当てはまります。桜の花びらが紙吹雪のように舞う幻想的な風景のなかで、二人で春に願ったあの夢が今も眼前に思い浮かぶからです。

ChatGPT が挙げる三つ目の表現効果である「リズムと響きの美化」ですが、こちらは、Wink「愛が止まらない 〜 Turn it into love 〜」（日本語詞：及川眠子　歌：Wink）で確かめてみましょう。

Just こころごと 止まらない もう
あなたに ドラマ始まっている
Jin-jin-jin 感じてる
{中略}
Just いとしくて 止まらない もう
あなたにビネツ奪われている
Fura-fura-fura 乱れてる

ここでは、オノマトペが「Jin-jin-jin」「Fura-fura-fura」とアルファベットで描かれており、オノマトペ特有のリズミカルな音韻を生かし、歌詞に特有のリズムや響きをもたらしています。

ChatGPT が最後に挙げる四つ目の表現効果「文化的特性の表現」では、オノマトペの使用は日本語の音楽特有の文化的背景や感性を反映し、日本文化の独特な側面を伝える役割を果たすとされます。その例としては、

B.B. クィーンズ「おどるポンポコリン」（作詞：さくらももこ　歌：B. B. クィーンズ）の歌詞を挙げておきましょう。

　　ピーヒャラ ピーヒャラ パッパパラパ
　　ピーヒャラ ピーヒャラ パッパパラパ
　　ピーヒャラ ピーヒャラ おへそがちらり
　　タッタタラリラ
　　ピーヒャラ ピーヒャラ パッパパラパ
　　ピーヒャラ ピーヒャラ おどるポンポコリン
　　ピーヒャラピ お腹がへったよ

　一見意味不明のようでありながら、歌っているうちに癖になってしまう歌詞。これが日本文化の独特な側面を伝えているかまではわかりませんが、少なくとも作詞をしたさくらももこの独特の感性は伝えているでしょう。
　このように、ChatGPT が提案してきた材料を切り口にし、そこで展開されている内容が正しいかどうか、先行研究を適宜引用しながら、データを集めて事実に基づいて検証し、優れた点は取り入れ、問題点は批判的に吟味することで、論文・レポートを作りあげていくことが可能になります。
　前課で述べたように、ChatGPT には「ウソが混じる」「出典を示さない」という弱点があります。したがって、ウソが混じっていないかどうか、データを集めてきて確認する（**ファクトチェック**）。また、そこで展開されている主張はどのような先行研究で述べられていることかを検索して参照する（**リファレンスチェック**）。この二つの作業をして ChatGPT が主張する内容の裏を取り、データと先行研究で修正や肉付けをおこなっていく。こうした方法で、ChatGPT を対話相手として質の高い論文・レポートを作成することができるのです。

校正ツールとしての生成 AI

　ここまで見てきたように、生成 AI は、論文・レポートを書くときの下書きとして役に立つのですが、自力で論文・レポートを書いたあとに誤った表現や不正確な表現がないかを確認する校正ツールとしても役に立ちます。つまり、論文・レポートを書くまえにも、書いたあとにも重宝するわけです。

　たとえば、次のような文章を書いたとしましょう。学習者コーパスについて書いた文章です。

コーパスは、言葉の研究に使うために、文章や発話を文字にしたものを決まった基準でたくさん集め、データベースにした言葉の資料のことである。コーパスにはいろんな種類があるが、ここでは学習者コーパスを考えたい。日本語を例に考えると、学習者コーパスは、日本語ネイティブではなく、日本語を外国語として勉強している学習者が書いたり話したりした日本語をＤＢにしたもので、それを研究することにより、レベルや母国語の違いによって、学習者の英語の表現にどんな習性があるのかを見れる。

　この文章について、「上の文章の表現を、論文にふさわしい日本語に直してください。」と指示すると、ChatGPT は次のように直してきます。

コーパスとは、言語研究のために文書や発言を文字化し、特定の基準に基づいて集積したデータベースである。多様なコーパスが存在するが、本研究では特に学習者コーパスに注目する。日本語を事例として考察する場合、学習者コーパスは、日本語を母語としない者が第二言語として記述・発話した内容をデータベース化したものである。これらのデータベースを分析することで、学習者の英語使用における言語

的特性や、母語や習得レベルの違いによる傾向を明らかにすることが可能である。

　ChatGPTがどのように直してきたか、表現別にざっと確認してみましょう。

・「言葉の研究」⇒「言語研究」
・「文章や発話を文字にし」⇒「文書や発言を文字化し」
・「決まった基準でたくさん集め、データベースにした言葉の資料のこと」
　　⇒「特定の基準に基づいて集積したデータベース」
・「コーパスにはいろんな種類があるが」⇒「多様なコーパスが存在するが」
・「ここでは学習者コーパスを考えたい」
　　⇒「本研究では特に学習者コーパスに注目する」
・「日本語を例に考えると」⇒「日本語を事例として考察する場合」
・「日本語ネイティブではなく、日本語を外国語として勉強している学習者
　　が書いたり話したりした日本語をＤＢにしたもの」
　　⇒「日本語を母語としない者が第二言語として記述・発話した内容をデ
　　ータベース化したもの」
・「それを研究することにより」
　　⇒「これらのデータベースを分析することで」
・「レベルや母国語の違いによって、学習者の英語の表現にどんな習性があ
　　るのかを見れる」
　　⇒「学習者の英語使用における言語的特性や、母語や習得レベルの違い
　　による傾向を明らかにすることが可能である」

　見事なものだと思います。個々の語を言い換えるのではなく、大きなフレーズを論文らしい表現で修正してくることがわかります。一箇所、わざと「学習者の英語の表現」という誤りを入れ、「英語」を「日本語」に直せ

るかどうか試したところ、そこだけは修正できなかったようですが、それ以外はほぼ完璧に直しています。ChatGPT の校正ツールとしての精度はかなり高く、ネイティブ・チェックが十分可能なレベルにあることが看取できます。

　ちなみに、ChatGPT が直すまえの私が書いた元の文章は次のようなものでした。この文章に論文らしくない表現を混ぜて、元の文章を作りました。しかし、この文章よりも、ChatGPT が直した文章のほうが優れていると感じる人もいるでしょう。近年の生成 AI には、文脈、すなわち前後の文字列を考慮して表現を選ぶのに役立つトランスフォーマーという技術が使われており、そのため、ChatGPT は自然な日本語で文章を作りだせる力を備えています。

> コーパスは、言語研究に用いるために、文章や発話を文字化したものを一定の基準で大量に収集し、データベース化した言語資料のことである。コーパスにはさまざまな種類があるが、ここでは学習者コーパスを考えたい。日本語を例に取ると、学習者コーパスは、日本語のネイティブ・スピーカーではなく、日本語を第二言語として学んでいる学習者が書いたり話したりした日本語をデータベース化したもので、それを研究することにより、日本語の習熟度や母語の違いによって、学習者の日本語の表現にどのような傾向があるのかを見ることが可能になる。

　本書では、論文・レポートを執筆するうえで、「考える」「調べる」「書く」という三つのことを大切にしてきました。「書く」ことでは生成 AI はかなりのレベルにあることがわかりましたが、「考える」「調べる」ことでは、「ウソが混じる」「出典を示さない」という点で深刻な問題があることも確認しました。

　そして、何より論文・レポートにはオリジナリティが必要ですが、過去

の膨大なデータの蓄積に基づいて文章を生成する生成 AI は、表現面でどんなに洗練されていても、個性に乏しい平均的な内容の文章しか作れません。それが生成 AI の最大の弱点です。高い独創性と高い実証性が求められる論文・レポートが書けるのはやはり人間です。だからこそ、私たちは生成 AI を対話相手としてうまく活用し、頭と手を使って、生成 AI を凌ぐ論文・レポートを作りだす必要があるのです。そうした営みが、たとえわずかであっても、インターネット上にある知のデータベースを改善することになり、生成 AI の知の水準を向上させることにきっとつながるはずです。

練 習 27

　自分が書いた論文・レポートを生成AIに修正させ、修正後の表現がどうなっているのか、また、修正が適切なものかどうかを検討してください。

練習の解答

練 習 **1**

①仕事時間➡労働時間（公務員は「勤務時間」）

②生徒数➡学生数（在籍者数）

練 習 **2**

①会社と企業：会社とは、営利を目的とする組織で、会社法に定められた株式会社などを除き、日常生活で使われる一般語である。「会社に行く」という表現からわかるように、オフィスを指すことができる。企業も営利を目的とする組織であるが、経済学・経営学の専門用語であり、個別の会社やオフィスを指すことはなく、集合として、あるいは組織としての経済主体を指す。

②建物とビル（ビルディング）：建物は、土地に建てられた壁や屋根を持つ構造物である。人が住んだり、作業をしたり、ものを保管したりするのに使う。ビルは、建物の一種で、とくに、鉄筋コンクリートなどで作られた高層のものを指す。多くは都会にあって、そのなかにはオフィスがあり、そこでは事務作業がおこなわれることが多い。

練 習 **3**

①「女子」→「助詞」　②「関節受身」→「間接受身」

③「源氏」→「現在」

練 習 **4**

「為に」と「ために」、「打ち出す」と「打ちだす」、「いかに」と「如何に」、「収集」と「蒐集」

練 習 5

新日鉄の釜石製鉄所は、1901 年に操業を開始し第二次世界大戦前には国内の半分以上の鉄鋼を生産していた八幡製鐵所よりもはるかに早く1886 年に創業した日本最古の製鉄所である。

練 習 6

「狭き門より入れ」というのは『聖書（文語訳)』「マタイ伝」7 章 13 節に出てくる聖句である。アンドレ・ジッドの小説、『狭き門』のタイトルとして有名になった。聖書の意味は、神の国に至る門をくぐることは難しいという意味だが、現代の日本では、難関校の受験など、競争率の高い試験に合格するのは難しいという意味でよく使われている。

練 習 7

分析➡調査／実験
はっきりした➡わかった／明らかになった
感じられる➡思われる／考えられる

練 習 8

模索したほうがよいのではないか。
　➡模索すべきである。／模索する必要がある。

練 習 9

これまでまったく出されていなかったわけではないと言えよう
　➡すでにいくつかは出されていた可能性が高い

練 習 10

「考えてきたけど」➡「考えてきたが」
「だから」➡「そのため／そこで」

「もうすぐ」→「まもなく／来月より（のような具体的な表現)」

練 習 11

「国環研」→「国立環境研究所」
「東電福島第一原発」→「東京電力福島第一原子力発電所」
「しっかり」→「十分に」
「完璧に」→「正確に」

練 習 12

　各種専修学校は、入学者にたいし、就業能力の向上を支援する学習機会の提供に取り組んでいます。

練 習 13

①何度も交渉を重ねたすえに世界各地で出版された日本関係の希少本がある。A大学は、そうした希少本を収集しているB研究所と連携協定の締結にこぎ着けた。
　A大学は、世界各地で出版された日本関係の希少本を何度も交渉を重ねて収集しているB研究所と、連携協定の締結にこぎ着けた。
　A大学は、世界各地で出版された日本関係の希少本を収集しているB研究所と、何度も交渉を重ねて連携協定の締結にこぎ着けた。
②職場いじめには上司が自主的に辞職を申し出ることを目的として執拗にハラスメントをおこなうものもあるが、現在多くの職場で問題になっているのは、悪口・陰口・無視などによって相手が心理的に苦しむ様子を見て喜ぶ職場いじめである。
　現在多くの職場で問題になっているのは、悪口・陰口・無視などによって相手が心理的に苦しむ様子を見て喜ぶタイプのいじめ、いわゆる職場いじめである。

練習 14

　車を運転する男性ドライバーは、道がわからない場合、大通りに出て案内表示を探したり、コンビニエンスストアやガソリンスタンドに入って道を尋ねるなどして、道行く若い女性に行き先を尋ねるという行為は避けたほうがよい。犯罪につながると見なされるおそれがあるためである。

練習 15

　どう「異なっている」かが示されていない点があいまい。そのあいまいな部分を加筆すると、「日本語の語順と英語の語順は、日本語の基本語順がＳＯＶであるのにたいして英語の基本語順がＳＶＯである点と、日本語の語順が比較的自由であるのにたいして英語の語順が固定的である点で大きく異なっている。」

練習 16

①それが　②この時期は　③φ　④そのぶんを　⑤その結果　⑥φ
⑦その期間を　⑧団塊の世代にたいする

練習 17

　心理学の世界では、7という数字がよく知られている。1956年に、ジョージ・ミラーという心理学者が直接記憶にとどめておける要素の数は、7前後であるという説を発表したからである。7という数字は、ミラーの論文のタイトルから magical number 7 ± 2 として知られ、多くの分野で応用された。ちなみに、直接記憶は短期記憶のことで、現在では作動記憶と呼ばれることが多い。

　私たちがメモなしで電話番号を憶えていようとした場合、どのようにするだろうか。頭のなかで七つ前後の数字を反復しつづけるのではないか。たとえば、045が横浜の市外局番であることはすでに長期記憶に入っている。そこで、そのあとに続く七桁をともかく頭に入れるのである。

一方、090のような携帯の番号だと、そのあとに続くのは八桁である。八桁だと記憶への負担はさらに増え、頭から抜け落ちてしまう可能性が高まる。

自分の家の電話番号のように長期記憶に移せた情報であれば、簡単に復元でき、忘れることもない。しかし、長期記憶の助けが借りられない、すなわち脈絡のない情報の処理は、人間は案外小さなキャパシティしかない。そのことに気づかせてくれたのがミラーの説である。

研究が進むにつれて、数字は七つ前後憶えられても、それより種類が多い文字は六つ前後、語になると五つ前後、語の意味的なまとまりであるチャンクであれば四つ前後しか処理できないということがわかってきた。だが、この数自体は条件によって揺れがあり、ミラーの説が現在でも大きな影響力を持っていることは疑いない。

練習 18

①そのことを、蝶と蛾を区別するのに常識的に用いられている四つの観点から検討する。

②第一の観点は、派手で明るい色をしているのが蝶、地味で暗い色をしているのが蛾という区別である。

③第二の観点は、羽を閉じて止まるのが蝶、羽を開いて止まるのが蛾という区別である。

④蝶と蛾を区別する第三の観点は、羽の表面についている鱗粉が少ないのが蝶、多いのが蛾という区別である。

⑤そして、蝶と蛾を区別する第四の観点は、胴体や触角の細いのが蝶、太いのが蛾という区別である。

練習 19

トマトは野菜である。

トマトは通常スーパーの野菜売り場で売られている。だが、なぜ果物で

ないかと言われると、その説明は難しい。

　野菜も果物も植物の一部で、食用に適するという点では変わりがない。違いは、野菜は草であり、通常調理して食し、甘くないのにたいし、果物は木になるもので、通常生のまま食し、甘いというのが大方の共通理解であろう。この3点からトマトが野菜かどうかを考えてみたい。

　まず、草か木かという点ではトマトは草である。この点からは、トマトは野菜であるといえる。しかし、それだけでは、イチゴもスイカも野菜になってしまうので、これだけでトマトを野菜と断ずるのは難しい。

　つぎに、調理が必要か否かであるが、トマトは生のままで食することも、調理して食することもある。しかし、果物はもっぱら生のまま食するのにたいし、トマトはイタリア料理を中心に火をとおして調理されることも少なくない点で、キュウリやセロリと同様、野菜に近いと考えられる。

　最後に、トマトが甘いかどうかであるが、たしかに甘い品種があることは事実である。だが、品種改良の結果甘くなった野菜はトウモロコシ、カボチャなど少なくない。果物は甘くなければ商品価値を持たないが、トマト、トウモロコシ、カボチャはいずれも甘くなくても商品価値を持つ。

　以上3点を総合的に勘案すると、トマトは野菜であると考えられる。

練習 20

　夏目漱石は、小説の執筆に集中できるようになった40代からは知名度が上がり、『朝日新聞』に連載された新聞小説は多くの人に読まれた。出版された著作の売れ行きも上々で、版を重ねていた。『朝日新聞』の社員としての定収入があり、本の印税も入り、さぞぜいたくな暮らしをしていたのだろうと当時思われていたようである。しかし、夏目漱石は『文士の生活』という文章のなかで、現実の生活は借家住まいで子どもも多く、生活はけっして楽でなかった。本の売り上げに頼った生活をすると、次第に欲が出てきて、結果として作品の品位も下がる。理想としては本を売らず、書いたものを好きな人にただで分けてあげたいと思うが、自分は貧乏だか

らそれができないと書いている。

・最近の日本人は、「○○な感じ」「○○みたいな」「○○かも」という言葉を使いたがる。
　➡この事実の裏づけとなるデータはあるか。
　➡「最近の日本人」というが、いつごろからこの傾向は生じたのか。
・これは、自分の意見を明確にすることで生じる責任を、できるだけ逃れようとする潜在意識と関係しているのであろう。
　➡こうした表現が使われる動機は、基本的には断定を避けつつ本音を披露することで、聞き手と認識を共有し、会話を盛りあげようとしているのではないか。
・自分は悪くない、被害者だということを相手に理解してもらうために、受身を使ってそれを暗に表現する。
　➡この指摘自体は正しいが、それ以外にも受身使用の動機はあるので、場面（たとえば会話）や用法（たとえば迷惑・被害の受身）を限定する必要がある。
・こうした心理が日本人を受身の使用へと駆りたてているのである。
　➡直前の文だけを根拠とするなら問題ないが、第1文の「○○な感じ」「○○みたいな」「○○かも」も受身と同列に語られている点が問題である。

　京都大学の宇高寛子氏（動物生態学）が取り組んでいる「ナメクジ捜査網」。外来種のナメクジ「マダラコウラナメクジ」の全国各地の目撃情報を一般市民から集めてその分布を調査するプロジェクトである。そのほか、東北大学と山形大学の研究者が中心となっておこなうマルハナバチの分布を調べる市民参加型調査「花まるマルハナバチ国勢調査」、市民サポーターの自宅に放射線モニタ「コガモ」を設置し、雷雲から地上に降り注ぐ雷雲ガンマ線を多地点で観測する「雷雲プロジェクト」などもある。

練習 23

たとえば、人文科学に関わる一般的なものとしては、次のようなものがある。

①国立国会図書館デジタルコレクション：https://dl.ndl.go.jp/

②国立公文書館デジタルアーカイブ：https://www.digital.archives.go.jp/

③データベースれきはく：https://www.rekihaku.ac.jp/doc/t-db-index.html

④日本古典籍総合目録データベース：https://base1.nijl.ac.jp

⑤人文学オープンデータ共同利用センター：http://codh.rois.ac.jp/

⑥コーパス検索アプリケーション「中納言」：https://chunagon.ninjal.ac.jp/

⑦情報学研究データリポジトリ：https://www.nii.ac.jp/dsc/idr/datalist.html

⑧ e-Stat（政府統計の総合窓口）：https://www.e-stat.go.jp/

練習 24　練習 25　解答略

練習 26

「すなわち」「つまり」「要するに」という日本語の接続詞について論じるには、それぞれの用法の共通点と相違点を理解することが重要です。これらの接続詞は文脈によって異なるニュアンスを持ち、文章の流れを導く役割を果たします。

まず、「すなわち」「つまり」「要するに」は、言い換えの接続詞として次のような共通点があります。

共通点

- 文脈の等価性：先行文脈と後続文脈は、表現の形は異なりますが、意味的には等価なものが来ます。

- 推論の制限：先行文脈を等価の内容に置き換えた結果、後続文脈の内容になることを予告し、読み手の推論を制限します。

- 理解の深化：先行文脈を異なる表現で言い直すことで、複数のものの見方を提示でき、読み手の理解を深めます。

一方、相違点としては、言い換えるとき、書き手の解釈がどの程度入る
かで異なります。

相違点

- 「すなわち」：言い換えのさい、書き手の解釈はほとんど入らず、記号の
「＝」に近い性格を持ちます。そのため、定義を示すなど、客観的な記述
に向き、論文のようなフォーマルなジャンルでよく使われます。
- 「つまり」：言い換えのさい、読み手にわかりやすく示す働きを持ち、書
き手の解釈が多少入ります。そのため、フォーマル、カジュアルを問わ
ず、説明の文章全般に広く用いられます。
- 「要するに」：言い換えのさい、読み手に要点を端的に言い換える働きを
持ち、書き手の解釈がかなり入ります。そのため、カジュアルな文章や
日常会話でよく使われます。

結論

　「すなわち」「つまり」「要するに」は言い換えの接続詞という共通点を
持つ一方、言い換えるとき書き手の解釈がどの程度入るかで異なります。
解釈の程度を示すと次のとおりです。

解釈 低　　「すなわち」＜「つまり」＜「要するに」　　解釈 高

　これらの接続詞は、文脈や目的、文章のジャンルに応じて使い分けるこ
とが重要です。なお、こうした議論は石黒（2001）ですでにおこなわれて
おり、この論文はその内容を一般の読者にもわかるよう、わかりやすく言
い直したものです。

参考文献：石黒圭（2001）「換言を表す接続語について ―『すなわち』『つまり』『要
するに』を中心に―」『日本語教育』110、pp.32-41

練 習 27　　解答略

【参考文献】

庵功雄（2007）『日本語におけるテキストの結束性の研究』くろしお出版

石黒圭（2004）「中国語母語話者の作文に見られる漢語副詞の使い方の特徴」『一橋大学留学生センター紀要』7、pp.3-13、一橋大学留学生センター

石黒圭（2007）『よくわかる文章表現の技術Ⅴ文体編』明治書院

石黒圭（2008）『文章は接続詞で決まる』光文社

石黒圭（2011）「引用の種類と作法」中村明・佐久間まゆみ・髙崎みどり・十重田裕一・半沢幹一・宗像和重（編集）『日本語文章・文体・表現事典』朝倉書店

石黒圭（2023）『コミュ力は「副詞」で決まる』光文社

石黒圭・阿保きみ枝・佐川祥予・中村紗弥子・劉洋（2009）「接続表現のジャンル別出現頻度について」『一橋大学留学生センター紀要』12、pp.73-85、一橋大学留学生センター

糸井重里（監修）・ほぼ日刊イトイ新聞（編）（2005）『オトナ語の謎。』新潮社

井上雅勝（1998）「ガーデンパス文の読みと文の理解」苧阪直行（編集）『読み―脳と心の情報処理』朝倉書店

今村和宏（2004）「社会科学系基礎文献におけるサ変名詞のふるまい―作文指導への指針と『専門用語化指数』の試案」『専門日本語教育研究』6、pp.9-16、専門日本語教育研究会

大村彰道（監修）（2001）『文章理解の心理学―認知、発達、教育の広がりの中で』北大路書房

金水敏（2003）『ヴァーチャル日本語役割語の謎』岩波書店

金田一春彦（1978）「擬音語・擬態語概説」浅野鶴子（編集）『擬音語・擬態語辞典』角川書店

国立国語研究所（宮島達夫）（1981）『専門語の諸問題』秀英出版

サンタヨーパス、スィリラット（2011）「感謝の場面での謝罪の発話―日本語母語話者とタイ語母語話者の意識と使い分け―」『一橋大学国際教育センター紀要』2、pp.37-55、一橋大学国際教育センター

篠田義明（1986）『コミュニケーション技術―実用的文章の書き方』中央公論社

清水まさ子（2010）「先行研究を引用する際の引用文の文末表現―テンス・アスペクト的な観点からの一考察―」『日本語教育』147、pp.52-66、日本語教育学会

東谷護（2007）『大学での学び方―「思考」のレッスン』勁草書房

西林克彦（1997）『「わかる」のしくみ―「わかったつもり」からの脱出』新曜社

野村雅昭（2008）『漢字の未来　新版』三元社

本多勝一（1982）『日本語の作文技術』朝日新聞出版

三上卓（1960）『象は鼻が長い―日本文法入門』くろしお出版

森山卓郎（2003）「話し言葉と書き言葉を考えるための文法研究用語・12」『國文學　解釈と教材の研究』48-12、pp.15-22、學燈社

山内博之（2008）『誰よりもキミが好き！―日本語力を磨く二義文クイズ』アルク

吉村仁（2005）『素数ゼミの謎』文藝春秋

おわりに

　論文を書くということは、自分の考えたことを発表し、その内容を未来の研究者に活用してもらうという社会的行為です。

　論文を書くときは、ほかの人が書いた論文を引用し、そこに新たな知見を加えます。しかし、その論文がひとたび刊行されたら、ほかの人に引用され、そこにまた新たな知見が加えられていきます。そうして、研究という営みは一歩一歩進んでいきます。

　一人の研究者が蓄えた知識は、本人だけのものです。その人が亡くなれば、その知識もまた失われます。しかし、研究は、多くの研究者の協働作業によって蓄えられた社会的な知識です。その知識は日々更新され、受け継がれていくものです。そして、その知恵の結晶は、論文の言葉として保存され、新たな読者にひもとかれる日を心待ちにしているのです。

　研究者が論文を書くのは富のためでも名声のためでもありません。学問の発展のためというきわめて純粋な動機です。未来の研究者に使ってもらうものである以上、高い水準のものを残したい。研究者はそんな思いで論文を書いています。

　本書の読者のうち研究者になる人はほんの一握りでしょう。しかし、研究対象と真剣に向きあい、自分の発見を読み手に正確に伝えたいという思いで論文を書いた経験は、おそらく一生の財産になるでしょう。本書をきっかけに、論文を書くという行為に真摯に取り組んでもらえるようになることを願わずにはいられません。

　私が本を書くときは、かならず資料を参考にします。今回、本書を執筆するにあたり参考にしたのは、20名ほどの大学院生を指導したときの資料、200本ほどの査読論文を審査したときの資料、2,000本ほどの学部生のレポートを評価したときの資料です。そうした膨大な資料が本書を執筆するさいの礎となりました。

そうした貴重な資料を手にするきっかけになった出会いに心から感謝しています。

　編集作業では編集部の中野綾子さんにお世話になりました。「子」がつく名前にしては若い編集者の方で、3年前に卒業論文で苦労した経験を活かして、見やすいレイアウトに仕立ててくださいました。本書が読みやすいものになっていれば、それはひとえに中野さんのおかげです。

　本書はこうしたさまざまな方々との交流のなかで形となりました。本書の内容が、そうした方々の努力に少しでも報いるものになっていることを心から願っています。

2012年1月

SDG

石黒圭

新版 おわりに

　旧版の刊行から 12 年の月日が流れました。中野綾子さんのご退社後、日本実業出版社編集部で本書を守りつづけてくださいました。とくに、山田聖子さんには前著『形容詞を使わない 大人の文章表現力』でもお世話になり、今回の新版でも引き続き担当編集者としてお世話になりました。こうして何とか原稿が形になったのも、山田さんのいつも変わらぬ励ましの笑顔のおかげです。

　インターネット上に玉石混交の情報があふれ、情報の質の劣化が進んでいるように感じます。良質の論文・レポートを執筆することは、「石」を減らし「玉」を増やす地道な営みです。それはそのまま、社会における大学の存在意義でもあります。

　本書をお読みになった方々が論文・レポートの基本を身につけられ、インターネットなどをつうじて社会に向けて「玉」の情報を発信し、社会の知の向上に尽くしてくださる。そんな明るい未来を心に描きつつ、筆をおかせていただきます。

　最後までお読みくださり、ありがとうございました。

2024 年 1 月

SDG

石黒圭

石黒 圭（いしぐろ けい）

国立国語研究所教授・共同利用推進センター長、一橋大学大学院
言語社会研究科連携教授。1969年大阪生まれ。神奈川県出身。
一橋大学社会学部卒業。早稲田大学大学院文学研究科博士後期
課程修了。博士（文学）。専門は文章論。主な著書に『文章は接続
詞で決まる』『語彙力を鍛える』（以上、光文社新書）、『よくわか
る文章表現の技術Ⅰ～Ⅴ』（明治書院）、『文系研究者になる』（研
究社）、『ていねいな文章大全』（ダイヤモンド社）、『形容詞を使わ
ない 大人の文章表現力』『日本語研究者がやさしく教える「き
ちんと伝わる」文章の授業』（以上、日本実業出版社）などがあ
る。

この1冊できちんと書ける！
【新版】論文・レポートの基本

2012年3月1日　初版発行
2024年2月20日　最新2版発行

著　者　石黒　圭 ©K. Ishiguro 2024
発行者　杉本淳一

発行所　株式会社日本実業出版社　東京都新宿区市谷本村町3−29 〒162-0845

　　　　編集部 ☎03-3268-5651
　　　　営業部 ☎03-3268-5161　　振替 00170-1-25349
　　　　　　　　　　　　　　　　https://www.njg.co.jp/

印刷／堀内印刷　　製本／若林製本

ISBN 978-4-534-06080-8　Printed in JAPAN

日本実業出版社の本

書き方・話し方を鍛えよう

好評既刊！

石黒 圭＝著
定価 1650 円（税込）

石黒 圭＝著
定価 1540 円（税込）

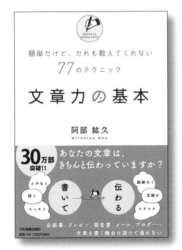

阿部 紘久＝著
定価 1430 円（税込）

上阪 徹＝著
定価 1650 円（税込）